☑ 줄임 : 국토교통부장관(국·장), 해양수산부장관(해·장), 국가, 지자체·공사등(국·똘)

[행정기관 정리]

* 장관 : 땅·건물(국토교통부), 바다(해양수산부), 국방(국방부), 환경(환경부), 행정(행정안전부), 농지(농림축산식품부)
* 시 : 특별시·광역시·특별자치시·특별자치도 / * 도 : 도지사 / * 군수 : 시장·군수(▶대도시-인구 50만명 이상 시) ❶ 시·군수(6짱)-특별시·광역시·특별자치시·특별자치도·시장·군수

☑ 계획순위 : 국가계획 ⊃ 지방계획[광역도시계획 ⊃ 도시·군기본계획] ⊃ 도시·군관리계획

[계획]-추상적(장기, 비구속적, 행정쟁송×, 법정계획)

광역도시계획(2개 이상 지역) : 3광 5기
① 지정 : 국장(시·도) / 도지사(시장·군수)
② 수립(필) : 2개 이상 지역(3년 이상 수립신청× 지정권자 수립) / 수립(임) : 국·장(공동), 도지사(공동, 단독)
③ 수립절차 : 기초조사(생략×) ⇨ 공청회(주민) ⇨ 의견청취(지방의회) ⇨ 수립 ⇨ 협의(지방 : 중앙 포함)·심의(장관 : 중앙, 지자체 : 지방) ⇨ 승인(지정권자) ⇨ 공고 / 열람(30일)-법적효력×
④ 재검토×

도시·군기본계획(1개지역)-생활권계획 포함
① 지정권자×
② 수립(필) : 1개 지역[예외 : ⓐ 수도권×+광역시경계×+인구 10만명 이하 ⓑ 전부광역도시계획 포함]
③ 연계수립가능(임)
④ 수립절차 : 지정× ⇨ 기초조사(5년 이내 경험 생략) ⇨ 공청회(주민) ⇨ 의견청취(지방의회) ⇨ 수립 ⇨ 협의(국·장 포함)·심의(지자체 : 지방) ⇨ 승인(시장·군수-도지사 승인) ⇨ 공고 / 열람(30일)-법적효력×
⑤ 재검토 : 5년

[계획]-구체적(구속적, 행정쟁송, 법정계획)

도시·군관리계획(공간재구조화계획 포함)
① 입안권자 : 모든 수립권자(구청장×)
② 입안절차 : 기초조사(생략 : 경미,지구,해제, 5년<환경 제외>) → 의견청취(주민, 지방의회) ⇨ 입안 ⇨ 협의·심의(장관 : 중앙, 지자체 : 지방) ⇨ 결정[시장(대도시 제외)·군수 : 도지사 승인-지구 제외] ⇨ 고시 / 열람(기간×)-법적효력○
③ 입안제안 : 주민(기반, 지구, 산업, 입·신·용), 비용부담(임)-기반·입체(면적 5분의 4 이상), 그 외 3분의 2 : 국·공유지 제외
④ 지형도면고시한 날 효력발생, 지형도면승인(30일) : 시장(대도시 제외)·군수 : 도지사 승인-지구 제외
⑤ 재검토 : 5년   ⑥ 기득권보호 : 수·시(3개월 이내 신고)
⑦ 결정권자 : 도시·군관리계획(대도시 포함), 공간재구조화계획(도시혁신·복합용도 대도시 시장 제외)

이 책의 차례

Thema 01 행정기관

1. 장관은 중앙행정기관이다.
    ※ 부동산(국토교통부장관), 수산(해양수산부장관), 농지(농림축산식품부장관), 행정(행정안전부장관), 국방(국방부장관), 환경(환경부장관)
2. 특별시장(자치구), 광역시장(자치구·자치군), 특별자치시장, 특별자치도지사, 도지사(시장·군수)는 지방행정기관이다.
3. 특별시장·광역시장·특별자치시장·특별자치도지사·도지사 : 시·도지사
4. 특별시장·광역시장·특별자치시장·특별자치도지사·시장·군수 : 시·군수(6짱-대지)
5. 특별자치시장·특별자치도지사·시장·군수·구청장 : 시·군·구청장(건축물)
6. 기준(표본, 시범도시)은 오직 장관이 세우는 것이 원칙이다.
7. 장관은 중앙위원회와 심의하고, 지방은 지방위원회와 심의한다.
    ※ 국가·똘마니(국·똘) : 국가, 지방자치단체, ~공사 등 공공기관 모두 포함
    ※ 공익사업을 위한 토지 등의 취득 및 보상에 관한 법률 - 토지보상법

> **기출유형**
> ⓐ 도지사는 광역도시계획을 승인하고자 하는 경우 미리 관계 중앙행정기관과 협의한 후 지방도시계획위원회의 심의를 거쳐야 한다.
> ⓑ 도시·군기본계획의 수립기준은 국토교통부장관이 정한다.

국토의 계획 및 이용에 관한 법률

Thema 02 국토계획법 용어정의

1. 국토의 계획 및 이용에 관한 법률은 계획 후 이용을 하자는 법률이다.
2. 계획은 추상적 계획과 구체적 계획으로 구분
3. 추상적 계획은 광역도시계획과 도시·군기본계획으로 구분한다.
4. 구체적 계획은 도시·군관리계획 뿐이다
5. 광역도시계획은 2개 이상 지역이 세우는 계획
6. 도시·군기본계획은 1개 지역이 세우는 계획
7. 1개의 지역이 세우는 완성 계획을 도시·군계획(도시·군기본계획＋도시·군관리계획)이라 한다.
8. 지방계획보다 국가계획이 우선하고, 도시·군기본계획보다 광역도시계획이 우선
9. 용도지역은 이름, 용도지구는 별명, 용도구역은 사회적지위로 구분한다.
10. 도시·군계획사업은 3개(도시·군계획시설사업, 도시개발사업, 정비사업) 뿐이다.

Thema 01 행정기관

1. 장관은 중앙행정기관이다.
   ※ 부동산(국토교통부장관), 수산(해양수산부장관), 농지(농림축산식품부장관), 행정(행정안전부장관), 국방(국방부장관), 환경(환경부장관)
2. 특별시장(자치구), 광역시장(자치구·자치군), 특별자치시장, 특별자치도지사, 도지사(시장·군수)는 ☐☐☐행정기관이다.
3. 특별시장·광역시장·특별자치시장·특별자치도지사·도지사 : ☐☐☐☐☐☐
4. 특별시장·광역시장·특별자치시장·특별자치도지사·시장·군수 : ☐☐☐☐☐☐(6짱-대지)
5. 특별자치시장·특별자치도지사·시장·군수·구청장 : ☐☐☐☐☐☐☐☐(건축물)
6. 기준(표본, 시범도시)은 오직 ☐☐이 세우는 것이 원칙이다.
7. 장관은 ☐☐위원회와 심의하고, 지방은 지방위원회와 심의한다.
   ※ 국가·똘마니(국·똘) : 국가, 지방자치단체, ~공사 등 공공기관 모두 포함
   ※ 공익사업을 위한 토지 등의 취득 및 보상에 관한 법률 - 토지보상법

▌ 기출유형
ⓐ 도지사는 광역도시계획을 승인하고자 하는 경우 미리 관계 중앙행정기관과 협의한 후 지방도시계획위원회의 심의를 거쳐야 한다.
ⓑ 도시·군기본계획의 수립기준은 국토교통부장관이 정한다.

국토의 계획 및 이용에 관한 법률

Thema 02 국토계획법 용어정의

1. 국토의 계획 및 이용에 관한 법률은 ☐☐ 후 이용을 하자는 법률이다.
2. 계획은 추상적 계획과 구체적 계획으로 구분
3. 추상적 계획은 ☐☐☐☐계획과 도시·군☐☐계획으로 구분한다.
4. 구체적 계획은 ☐☐☐☐☐계획 뿐이다
5. ☐☐☐☐계획은 2개 이상 지역이 세우는 계획
6. 도시·군☐☐계획은 1개 지역이 세우는 계획
7. 1개의 지역이 세우는 완성 계획을 도시·군계획(도시·군☐☐계획＋도시·군☐☐계획)이라 한다.
8. 지방계획보다 국가계획이 우선하고, 도시·군기본계획보다 ☐☐☐☐계획이 우선
9. 용도☐☐은 이름, 용도☐☐는 별명, 용도☐☐은 사회적지위로 구분한다.
10. 도시·군계획사업은 3개(☐☐☐☐☐☐☐사업, 도시개발사업, 정비사업) 뿐이다.

Thema 03 광역도시계획

1. 지정권자(국토교통부장관, 도지사)만 지정할 수 있다.

2. 추상적계획(주민비구속, 주민공청회)이다.

3. 수립권자(2인 이상 − 시 · 도지사, 시장 · 군수)

   국가계획(국토교통부장관)

   단, 3년이 지날때까지 승인신청하지 않으면 지정권자가 수립 : 수립하여야 한다.

4. 공동수립(지정권자 + 수립권자), 단독수립(도지사) : 수립할 수 있다.

5. 승인권자(조정권자)는 오직 1명 : 지정권자(국토교통부장관, 도지사)

6. 기초조사(5년)

7. 기초조사 · 공청회 : 생략 불가능

8. 공고는 지역의 지방자치단체장인 수립권자(국토교통부장관 제외)가 공보에 각각 개별적으로 한다.

9. 도시 · 군기본계획보다 광역도시계획이 우선

10. 재검토규정은 없다.

기출유형

ⓐ 국토교통부장관 또는 도지사는 광역계획권을 지정할 수 있다.

ⓑ 국가계획과 관련된 광역도시계획의 수립이 필요한 경우에는 국토교통부장관이 수립한다.

ⓒ 국토교통부장관, 시 · 도지사, 시장 또는 군수가 기초조사정보체계를 구축한 경우에는 등록된 정보의 현황을 5년마다 확인하고 변동사항을 반영하여야 한다.

ⓓ 도지사는 광역도시계획을 승인하고자 하는 경우 미리 관계 중앙행정기관과 협의한 후 지방도시계획위원회의 심의를 거쳐야 한다.

ⓔ 광역도시계획을 승인한 국토교통부장관은 관보와 인터넷 홈페이지에 게재하는 방법으로 공고할 수 없다.

Thema 03 광역도시계획

1. 지정권자(☐☐☐☐☐☐☐☐, ☐☐☐☐)만 지정할 수 있다.
2. 추상적계획(주민비구속, 주민☐☐☐☐)이다.
3. 수립권자(2인 이상－시·도지사, 시장·군수)

   국가계획(국토교통부장관)

   단, ☐☐이 지날때까지 승인신청하지 않으면 지정권자가 수립 : 수립☐☐☐☐☐☐☐.
4. 공동수립(지정권자＋수립권자), 단독수립(☐☐☐☐) : 수립☐☐☐☐☐☐☐.
5. 승인권자(조정권자)는 오직 1명 : 지정권자(국토교통부장관, 도지사)
6. 기초조사(☐년)
7. 기초조사·공청회 : 생략 불가능
8. 공고는 지역의 지방자치단체장인 수립권자(☐☐☐☐☐☐☐☐☐ 제외)가 공보에 각각 개별적으로 한다.
9. 도시·군기본계획보다 ☐☐☐☐☐☐계획이 우선
10. 재검토규정은 없다.

기출유형

ⓐ 국토교통부장관 또는 도지사는 광역계획권을 지정할 수 있다.
ⓑ 국가계획과 관련된 광역도시계획의 수립이 필요한 경우에는 국토교통부장관이 수립한다.
ⓒ 국토교통부장관, 시·도지사, 시장 또는 군수가 기초조사정보체계를 구축한 경우에는 등록된 정보의 현황을 5년마다 확인하고 변동사항을 반영하여야 한다.
ⓓ 도지사는 광역도시계획을 승인하고자 하는 경우 미리 관계 중앙행정기관과 협의한 후 지방도시계획위원회의 심의를 거쳐야 한다.
ⓔ 광역도시계획을 승인한 국토교통부장관은 관보와 인터넷 홈페이지에 게재하는 방법으로 공고할 수 없다.

Thema 04　도시 · 군기본계획(생활권계획 포함)

1. 지정권자가 절대 있을 수 없다.
2. 기준과 협의 빼고 장관 절대 나오지 않는다.
3. 송부와 승인 빼고 도지사 절대 나오지 않는다.
4. 추상적계획(주민비구속, 주민공청회)이다.
5. 수립권자
   원칙 : 시 · 군(6짱) 수립하여야 한다.
   예외 : ① 광역도시계획이 관할구역 전부수립＋도시 · 군기본계획 내용 모두 포함 : 수립하지 아니할
   　　　　　수 있다.
   　　　　② 수도권에 속하지 않고＋광역시와 경계를 같이하지 아니한＋인구 10만명 이하인 시 · 군은
   　　　　　수립하지 아니할 수 있다.
   　　　　③ 연계수립 : 인접 시 · 군 포함 수립할 수 있다.
6. 토지적성평가 · 재해취약분석(기초조사 생략가능), 공청회(생략불가능)
7. 승인권자 : 수립권자 단, 시장 · 군수 : 도지사승인
8. 공고는 지역의 시 · 군수인 수립권자(국토교통부장관 제외)가 공보에 한다.
9. 도시 · 군기본계획보다 광역도시계획이 우선
10. 재검토(5년)
    ※ 추상적 계획공통숫자 : 공청회(14일), 나머지(30일)

기출유형

ⓐ 수도권정비계획법에 의한 수도권에 속하지 아니하고 광역시와 경계를 같이하지 아니한 시로서 인구 8만명인
시의 시장은 도시 · 군기본계획을 수립하지 아니할 수 있다.
ⓑ 도시 · 군기본계획의 수립권자는 특별시장 · 광역시장 · 특별자치시장 · 특별자치도지사 · 시장 또는 군수이며,
도시 · 군기본계획의 수립기준은 국토교통부장관이 정한다.
ⓒ 시장 또는 군수가 도시 · 군기본계획을 변경하려면 도지사의 승인을 받아야 한다.
ⓓ 협의 요청을 받은 관계 행정기관의 장은 특별한 사유가 없으면 30일 이내에 의견을 제시하여야 한다.
ⓔ 시장 또는 군수는 5년마다 관할 구역의 도시 · 군기본계획에 대하여 그 타당성 여부를 전반적으로 재검토하여
정비하여야 한다.

Thema 04 　도시 · 군기본계획(생활권계획 포함)

1. 지정권자가 절대 있을 수 [　　].
2. [　　]과 협의 빼고 장관 절대 나오지 않는다.
3. 송부와 [　　] 빼고 도지사 절대 나오지 않는다.
4. 추상적계획(주민[　　　], 주민공청회)이다.
5. 수립권자

　　원칙 : 시 · 군(6짱) 수립[　　　　　　].

　　예외 : ① 광역도시계획이 관할구역 [　　]수립＋도시 · 군기본계획 내용 [　　] 포함 : 수립하지 아니할
　　　　　　　　수 있다.

　　　　　② 수도권에 속하지 않고＋광역시와 경계를 같이하지 아니한＋인구 [　]만명 이하인 시 · 군은
　　　　　　　수립하지 아니할 수 있다.

　　　　　③ 연계수립 : 인접 시 · 군 포함 수립할 수 있다.

6. 토지적성평가 · 재해취약분석(기초조사 생략가능), 공청회(생략불가능)
7. 승인권자 : 수립권자 단, 시장 · 군수 : [　　　]승인
8. 공고는 지역의 시 · 군수인 수립권자([　　　　　　　　] 제외)가 공보에 한다.
9. 도시 · 군기본계획보다 [　　　　]계획이 우선
10. 재검토([　]년)

　　※ 추상적 계획공통숫자 : 공청회([　]일), 나머지([　]일)

📌 기출유형

ⓐ 수도권정비계획법에 의한 수도권에 속하지 아니하고 광역시와 경계를 같이하지 아니한 시로서 인구 8만명인
　시의 시장은 도시 · 군기본계획을 수립하지 아니할 수 있다.

ⓑ 도시 · 군기본계획의 수립권자는 특별시장 · 광역시장 · 특별자치시장 · 특별자치도지사 · 시장 또는 군수이며,
　도시 · 군기본계획의 수립기준은 국토교통부장관이 정한다.

ⓒ 시장 또는 군수가 도시 · 군기본계획을 변경하려면 도지사의 승인을 받아야 한다.

ⓓ 협의 요청을 받은 관계 행정기관의 장은 특별한 사유가 없으면 30일 이내에 의견을 제시하여야 한다.

ⓔ 시장 또는 군수는 5년마다 관할 구역의 도시 · 군기본계획에 대하여 그 타당성 여부를 전반적으로 재검토하여
　정비하여야 한다.

Thema 05 　도시 · 군관리계획절차

1. 구체적계획(주민구속, 주민의견청취)

　　도시 · 군관리계획내용(용도지역 · 용도지구 · 용도구역 · 지구단위 · 기반시설 · 도시개발사업 · 정비사업)

　　※ 도시 · 군관리계획 내용 아닌 것: 성장관리계획구역, 개발밀도관리구역, 기반시설부담구역

2. 광역도시계획과 도시 · 군기본계획에 부합하지 않아도 무효가 아닌 취소 · 변경사유

3. 입안권자(추상적계획 수립권자 모두: 자치구청장과 자치군수는 해당안함) · 차등입안

4. 주민의 입안제안[기반 · 지구단위 · 산업유통 · 입체복합: 도시 · 군관리계획,

　　도시혁신 · 복합용도: 공간재구조화계획]

　　※ 면적동의: 기 · 입5분의 4 이상, 나머지 3분의 2 이상(지 · 산 · 신 · 용) – 국 · 공유지 제외

5. 비용부담(임의적)

6. 추상적계획 없이 구체적계획만 입안불가(추상적계획과 함께입안)

7. 기초조사(토지적성 · 재해취약 · 환경검토)생략 – 경미, 지구단위, 해제, 5년(환경성검토 제외)

　　※ 생략사유추가: 토지적성(+개발지역), 환경검토(+전략환경)

8. 주민의견청취(경미생략가능), 의회의견청취(경미 · 지구생략가능),

　　협의 · 심의(중앙행정기관의 장 요청할 때 기밀생략가능)

9. 결정권자

　　① 시 · 도지사 · 대도시 시장

　　② 국토교통부장관(단 수사자원보호구역만 해양수산부장관)

　　③ 시장 · 군수 – 도지사승인, 단 지구단위계획 제외

　　※ 공간재구조화계획결정권자: 대도시 시장 제외

10. 지형도면 고시한 날(다음날 ×)

11. 기득권보호: ① 사전허가 사업진행, ② 수산자원보호 · 시가화조정구역(3개월 이내 신고)

12. 재검토(5년)

　　※ 주민의견청취(14일), 입안제안통보(45일), 주민의견청취통보(60일), 나머지(30일)

📌 기출유형

ⓐ 지구단위계획구역의 지정에 관한 사항에 대하여 도시 · 군관리계획의 입안을 제안하려는 자는 국 · 공유지를 제외한 대상토지면적의 3분의 2 이상의 토지소유자의 동의를 받아야 한다.

ⓑ 도시 · 군관리계획으로 입안하려는 지구단위계획구역이 상업지역에 위치하는 경우에는 재해취약성분석을 실시하지 않는다.

ⓒ 개발밀도관리구역의 지정에 관한 계획은 도시 · 군관리계획으로 결정하지 않는다.

ⓓ 도시 · 군관리계획 결정의 효력은 지형도면을 고시한 날부터 발생한다.

ⓔ 시가화조정구역의 지정에 관한 도시 · 군관리계획 결정 당시 이미 허가를 받아 사업이나 공사에 착수한 자는 신고하고 그 사업이나 공사를 계속할 수 있다.

Thema 05 | 도시ㆍ군관리계획절차

1. 구체적계획(주민구속, 주민[_____])

   도시ㆍ군관리계획내용(용도지역ㆍ용도지구ㆍ용도구역ㆍ지구단위ㆍ기반시설ㆍ도시개발사업ㆍ정비사업)

   ※ 도시ㆍ군관리계획 내용 아닌 것 : 성장관리계획구역, 개발[____]관리구역, 기반[____]부담구역

2. 광역도시계획과 도시ㆍ군기본계획에 부합하지 않아도 무효가 아닌 [____]ㆍ변경사유

3. 입안권자(추상적계획 수립권자 모두 : 자치구청장과 자치군수는 해당안함)ㆍ[____]입안

4. 주민의 입안제안[기반ㆍ지구단위ㆍ산업유통ㆍ입체복합 : [_____]계획,

   도시혁신ㆍ복합용도 : [_____]계획]

   ※ 면적동의 : 기ㆍ입[_____] 이상, 나머지 3분의 2 이상(지ㆍ산ㆍ신ㆍ용)-국ㆍ공유지 [____]

5. 비용부담([_____])

6. 추상적계획 없이 구체적계획만 입안불가(추상적계획과 [____]입안)

7. 기초조사(토지적성ㆍ재해취약ㆍ환경검토)생략- 경미, [_____], 해제, [__]년(환경성검토 제외)

   ※ 생략사유추가 : 토지적성(+개발지역), 환경검토(+전략환경)

8. 주민의견청취(경미생략가능), 의회의견청취(경미ㆍ지구생략가능),

   협의ㆍ심의([____]행정기관의 장 요청할 때 기밀생략가능)

9. 결정권자

   ① 시ㆍ도지사ㆍ대도시 시장

   ② 국토교통부장관(단 수사자원보호구역만 [_____]장관)

   ③ 시장ㆍ군수-도지사승인, 단 [_____]계획 제외

   ※ 공간재구조화계획결정권자 : [_____] 제외

10. 지형도면 고시한 날([_____] ×)

11. 기득권보호 : ① 사전허가 사업진행, ② 수산자원보호ㆍ시가화조정구역(3개월 이내 [____])

12. 재검토([__]년)

    ※ 주민의견청취(14일), 입안제안통보(45일), 주민의견청취통보(60일), 나머지(30일)

▌ 기출유형

ⓐ 지구단위계획구역의 지정에 관한 사항에 대하여 도시ㆍ군관리계획의 입안을 제안하려는 자는 국ㆍ공유지를 제외한 대상토지면적의 3분의 2 이상의 토지소유자의 동의를 받아야 한다.

ⓑ 도시ㆍ군관리계획으로 입안하려는 지구단위계획구역이 상업지역에 위치하는 경우에는 재해취약성분석을 실시하지 않는다.

ⓒ 개발밀도관리구역의 지정에 관한 계획은 도시ㆍ군관리계획으로 결정하지 않는다.

ⓓ 도시ㆍ군관리계획 결정의 효력은 지형도면을 고시한 날부터 발생한다.

ⓔ 시가화조정구역의 지정에 관한 도시ㆍ군관리계획 결정 당시 이미 허가를 받아 사업이나 공사에 착수한 자는 신고하고 그 사업이나 공사를 계속할 수 있다.

Thema 06 용도지역

1. ① 이름(중복안됨) ② 건폐율·용적률·높이·용도제한 ③ 도시·군관리계획 지정(결정)하여야 한다.
2. ① 도시지역

   [주거(전용<1종 2종>, 일반<1종 2종 3종>, 준) / 상업(중심·일반·유통·근린) / 공업(전용·일반·준) / 녹지(보전·생산·자연)]

   ② 관리지역(보전, 생산, 계획)

   ③ 농림지역

   ④ 자연환경보전지역
3. 전용(양호) : 1종(단독) 2종(공동)

   일반(편리) : 1종(저층), 2종(중층), 3종(중·고층)
4. 공업지역 : 전용(중화학), 일반(환경을 저해하지 아니하는), 준(경공업, ~기능보완)
5. 자연녹지(제한적개발), 계획관리(편입－용적률 100% 이하 / 건폐율 40% 이하)
6. 이름이 없으면 가장 보전하는 지역으로 간주한다.

   － 지정 안됨(자연환경보전지역), 도시지역 세분 안됨(보전녹지지역), 관리지역 세분 안됨(보전관리지역)
7. 이름은 원칙적으로 도시·군관리계획으로 정한다.
8. 공유수면은 옆 지역과 목적이 같으면 같은 이름(고시는 따로), 다르면 원칙으로 정한다.
9. 도시지역 간주[어항법 / 항만법 / 산업단지 / 택지 / 전원개발(예정구역 포함)] : 고시도 간주

   － 어·항(도시지역연접), 산(농공단지 제외), 전예(수력, 송·변전 제외)

   ※ 농업진흥지역(농림지역 간주), 보전산지(농림지역 또는 자연환경보전지역 간주)
10. 해제시 종전용도지역으로 환원(개발완료해제시 제외)
11. 아파트는 제1종주거지역, 유통상업, 전용·일반공업, 녹지, 관리, 농림, 자연환경보전에는 건축불가
12. 도시지역적용배제 : 접도구역, 농지취득자격증명

기출유형

ⓐ 전용공업지역이란 주로 중화학공업, 공해성공업 등을 수용하기 위하여 필요한 지역을 말한다.
ⓑ 용도지역이 미세분된 도시지역에서의 행위제한 등에 대하여는 보전녹지지역에 관한 규정을 적용한다.
ⓒ 계획관리지역의 건폐율은 40% 이하이고 용적률은 100% 이하이다.
ⓓ 「항만법」에 따른 항만구역으로서 도시지역에 연접한 공유수면은 도시지역으로 결정·고시된 것으로 본다.
ⓔ 도시지역에 대해서는 「도로법」에 따른 접도구역 규정이 적용되지 않는다.

Thema 06 용도지역

1. ① 이름(_____) ② 건폐율·용적률·높이·용도제한 ③ 도시·군____계획 지정(결정)하여야 한다.

2. ① 도시지역

   [주거(전용<1종 2종>, 일반<1종 2종 3종>, 준) / 상업(중심·일반·유통·근린) / 공업(전용·일반·준) / 녹지(보전·생산·자연)]

   ② 관리지역(보전, 생산, 계획)

   ③ 농림지역

   ④ 자연환경보전지역

3. 전용(____) : 1종(____) 2종(____)

   일반(____) : 1종(저층), 2종(중층), 3종(중·고층)

4. 공업지역 : 전용(중화학), 일반(환경을 저해하지 아니하는), 준(경공업, ~기능보완)

5. 자연녹지(제한적개발), 계획관리(____-용적률 __% 이하 / 건폐율 __% 이하)

6. 이름이 없으면 가장 보전하는 지역으로 간주한다.

   ─ 지정 안됨(자연환경____지역), 도시지역 세분 안됨(____녹지지역), 관리지역 세분 안됨(____관리지역)

7. 이름은 원칙적으로 도시·군____계획으로 정한다.

8. 공유수면은 옆 지역과 목적이 같으면 같은 이름(____는 따로), 다르면 원칙으로 정한다.

9. 도시지역 간주[어항법 / 항만법 / 산업단지 / 택지 / 전원개발(예정구역 포함)] : 고시도 ____

   ─ 어·항(_____연접), 산(농공단지 제외), 전예(수력, 송·변전 제외)

   ※ 농업진흥지역(농림지역 간주), 보전산지(농림지역 또는 자연환경보전지역 간주)

10. ____시 종전용도지역으로 환원(개발_____제시 ____)

11. 아파트는 ____주거지역, ____상업, 전용·일반공업, 녹지, 관리, 농림, 자연환경보전에는 건축불가

12. 도시지역적용배제 : _____, 농지취득자격증명

기출유형

ⓐ 전용공업지역이란 주로 중화학공업, 공해성공업 등을 수용하기 위하여 필요한 지역을 말한다.

ⓑ 용도지역이 미세분된 도시지역에서의 행위제한 등에 대하여는 보전녹지지역에 관한 규정을 적용한다.

ⓒ 계획관리지역의 건폐율은 40% 이하이고 용적률은 100% 이하이다.

ⓓ 「항만법」에 따른 항만구역으로서 도시지역에 연접한 공유수면은 도시지역으로 결정·고시된 것으로 본다.

ⓔ 도시지역에 대해서는 「도로법」에 따른 접도구역 규정이 적용되지 않는다.

Thema 07 용도지구

1. ① 별명(중복, 신설가능) ② 도시·군관리계획 지정(결정)할 수 있다.
   ※ 방재지구 : 연안침식 또는 우려시 지정(결정)하여야 한다.
2. 용도지역을 강화·완화하기 위해서(안전·경관)
3. 경관(특화·자연·시가지) / 취락(집단·자연) / 개발진흥(특정·주거·산업유통·관광휴양·복합) / 방재(자연·시가지) / 보호(역사·중요·생태계), 고도 / 방재 / 특정 / 복합 / 대통령 지정
4. 고도지구는 최저한도는 없고, 최고한도만 있다.
5. 특화경관지구(보전가치가 큰 건축물), 역사문화환경보호지구(보전가치가 큰 시설) 구분
6. 개발진흥지구 : 특정(~외), 주거, 산업유통(공업+유통+물류), 관광·휴양, 복합(2 이상)
7. 집단취락지구(개발제한지역 안), 특정용도제한지구(청소년 보호)
8. 복합용도구역지정(계획관리지역·일반주거지역·일반공업지역)
9. 건축(행위)제한 원칙은 도시·군계획조례
   예외 : 고(도시·군관리계획)·취(집 : 개발제한법, 자 : 국토법시행령)·개(계획)·방화(건축법)
   ※ 자연취락지구 : 4층 이하, 제외 건축물(아파트, 장례시설, 관광휴게시설, 정신병원),
     포함건축물(단독·근린·운동·발전·방송시설·노래연습장)

기출유형

ⓐ 대도시 시장은 일반주거지역·일반공업지역·계획관리지역에 복합용도지구를 지정할 수 있다.
ⓑ 개발제한구역안의 취락을 정비하기 위하여 필요한 지구는 집단취락지구이다.
ⓒ 특정개발진흥지구는 주거기능, 공업기능, 유통·물류기능 및 관광·휴양기능 외의 기능을 중심으로 특정한 목적을 위하여 개발·정비할 필요가 있는 지구를 말한다.
ⓓ 고도지구에서는 도시·군관리계획으로 정하는 높이를 초과하는 건축물을 건축할 수 없다.
ⓔ 대도시 시장은 연안침식이 진행 중인 지역으로 연안침식으로 인하여 심각한 피해가 발생할 우려가 있어 이를 특별히 관리할 필요가 있는 지역에 대해서는 방재지구의 지정을 도시·군관리계획으로 결정하여야 한다.

Thema 07 용도지구

1. ① 별명(☐, 신설가능) ② ☐☐☐☐☐☐☐☐☐☐☐☐ 지정(결정)할 수 있다.
   ※ ☐지구 : 연안침식 또는 우려시 지정(결정)하여야 한다.

2. 용도지역을 ☐·☐하기 위해서(안전·경관)

3. 경관(특화·자연·시가지) / 취락(집단·자연) / 개발진흥(특정·주거·산업유통·관광휴양·복합) /
   방재(자연·시가지) / 보호(역사·중요·생태계), 고도 / 방재 / 특정 / 복합 / 대통령 지정

4. 고도지구는 최저한도는 없고, ☐☐☐☐만 있다.

5. 특화경관지구(보전가치가 큰 ☐☐☐), 역사문화환경보호지구(보전가치가 큰 ☐☐) 구분

6. ☐☐☐☐지구 : 특정(~외), 주거, 산업유통(공업＋유통＋물류), 관광·휴양, 복합(2 이상)

7. ☐☐취락지구(개발제한지역 안), 특정용도제한지구(☐☐☐ 보호)

8. 복합용도구역지정(계획관리지역·일반주거지역·일반공업지역)

9. 건축(행위)제한 원칙은 도시·군계획☐☐
   예외 : 고(☐☐☐☐☐☐☐☐☐☐)·취(집 : 개발제한법, 자 : 국토법시행령)·개(계획)·방화(건축법)
   ※ 자연취락지구 : ☐층 이하, 제외 건축물(아파트, 장례시설, 관광휴게시설, 정신병원),
      포함건축물(단독·근린·운동·발전·방송시설·노래연습장)

📖 기출유형

ⓐ 대도시 시장은 일반주거지역·일반공업지역·계획관리지역에 복합용도지구를 지정할 수 있다.

ⓑ 개발제한구역안의 취락을 정비하기 위하여 필요한 지구는 집단취락지구이다.

ⓒ 특정개발진흥지구는 주거기능, 공업기능, 유통·물류기능 및 관광·휴양기능 외의 기능을 중심으로 특정한 목적을 위하여 개발·정비할 필요가 있는 지구를 말한다.

ⓓ 고도지구에서는 도시·군관리계획으로 정하는 높이를 초과하는 건축물을 건축할 수 없다.

ⓔ 대도시 시장은 연안침식이 진행 중인 지역으로 연안침식으로 인하여 심각한 피해가 발생할 우려가 있어 이를 특별히 관리할 필요가 있는 지역에 대해서는 방재지구의 지정을 도시·군관리계획으로 결정하여야 한다.

Thema 08　용도구역

1. ① 사회적지위(중복) ② 도시·군관리계획 지정(결정)할 수 있다.
2. 용도지역 및 용도지구를 강화·완화하기 위해서(무질서)
3. 수산자원보호구역지정(해양수산부장관), 개발제한구역지정(국토교통부장관)
4. 시가화조정 유보기간 : 5년~20년(다음날 실효)
5. 시가화조정구역 행위제한 예외 : ① 도시·군계획사업(불가피, 중앙행정기관의 장 요청)
　② 도시·군계획사업 외(허가받고 1차산업, 공용, 증축, 면적 이하)
6. 국방부장관 제한요청은 개발제한구역이다.
7. 도시자연공원구역 지정권자에는 대도시 시장(국토교통부장관 ×)이 포함된다.
8. 도시·군계획시설입체복합구역-도시·군관리계획
　도시혁신·복합용도구역-공간재구조화계획(대도시 시장 ×)
　※ 입체복합구역(10년 경과, 첨단기술), 도시혁신구역(도심, 국토계획법 따름, 특별건축구역 간주), 복합용도구역(노후, 특별건축구역 간주)

기출유형

ⓐ 개발제한구역지정은 국토교통부장관만 지정할 수 있다.
ⓑ 도시의 자연환경 및 경관을 보호하고 도시민에게 건전한 여가·휴식공간을 제공하기 위하여 도시지역 안에서 식생이 양호한 산지의 개발을 제한할 필요가 있다고 인정되는 지역을 도시자연공원구역으로 국토교통부장관이 지정할 수 없다.
ⓒ 시가화조정구역의 지정에 관한 도시·군관리계획의 결정은 시가화유보기간이 끝난 날의 다음 날부터 그 효력을 잃는다.
ⓓ 공익상 시가화조정구역 안에서의 사업시행이 불가피한 것으로서 관계 중앙행정기관의 장의 요청에 의하여 국토교통부장관이 그 지정목적달성에 지장이 없다고 인정하는 도시·군계획사업만 시행할 수 있다.
ⓔ 시가화조정구역의 시가화 유보기간은 5년 이상 20년 이내이다.

Thema 09　둘 이상 건축물 걸치는 경우

1. 최대연면적 : 곱한 후 두개지역을 더해라.
　예 A지역(대지면적×용적률)+B지역(대지면적×용적률)=최대연면적
2. 고도지구가 다른 지구와 함께 걸쳐 있으면 건축물과 대지 모두 고도지구를 따른다.
3. 방화지구가 다른 지구와 함께 걸쳐 있으면 건축물만 방화지구를 따른다(단, 방화벽설치 시 각각 적용).
4. 녹지지역이 다른 지역과 함께 걸쳐 있으면 건축물과 대지는 각각 적용한다(단, 녹지지역도 고도·방화지구 시에는 2. 3. 따름).

Thema 08 　용도구역

1. ① 사회적지위(중복) ② 도시·군▢▢계획 지정(결정)할 수 있다.
2. 용도지역 및 용도지구를 강화·완화하기 위해서(▢▢▢▢)
3. 수산자원보호구역지정(▢▢▢▢▢▢▢▢), 개발제한구역지정(▢▢▢▢▢▢)
4. 시가화조정 유보기간 : ▢년~▢년(다음날 실효)
5. 시가화조정구역 행위제한 예외 : ① 도시·군계획사업(불가피, ▢▢▢행정기관의 장 ▢▢▢)
   ② 도시·군계획사업 외(▢▢▢받고 1차산업, 공용, 증축, 면적 이하)
6. 국방부장관 제한요청은 ▢▢▢▢▢▢구역이다.
7. 도시자연공원구역 지정권자에는 대도시 시장(▢▢▢▢▢▢▢▢▢▢ ×)이 포함된다.
8. 도시·군계획시설입체복합구역-도시·군관리계획
   도시혁신·복합용도구역-▢▢▢▢▢▢▢▢계획(대도시 시장 ×)
   ※ 입체복합구역(10년 경과, 첨단기술), 도시혁신구역(도심, 국토계획법 따름, ▢▢▢▢▢▢▢▢ 간주), 복합
     용도구역(노후, ▢▢▢▢▢▢▢▢ 간주)

> **기출유형**
> ⓐ 개발제한구역지정은 국토교통부장관만 지정할 수 있다.
> ⓑ 도시의 자연환경 및 경관을 보호하고 도시민에게 건전한 여가·휴식공간을 제공하기 위하여 도시지역 안에서
> 　식생이 양호한 산지의 개발을 제한할 필요가 있다고 인정되는 지역을 도시자연공원구역으로 국토교통부장관
> 　이 지정할 수 없다.
> ⓒ 시가화조정구역의 지정에 관한 도시·군관리계획의 결정은 시가화유보기간이 끝난 날의 다음 날부터 그 효력
> 　을 잃는다.
> ⓓ 공익상 시가화조정구역 안에서의 사업시행이 불가피한 것으로서 관계 중앙행정기관의 장의 요청에 의하여 국
> 　토교통부장관이 그 지정목적달성에 지장이 없다고 인정하는 도시·군계획사업만 시행할 수 있다.
> ⓔ 시가화조정구역의 시가화 유보기간은 5년 이상 20년 이내이다.

Thema 09 　둘 이상 건축물 걸치는 경우

1. 최대연면적 : ▢한 후 두개지역을 ▢해라.
   예 A지역(대지면적×용적률)+B지역(대지면적×용적률)＝최대연면적
2. 고도지구가 다른 지구와 함께 걸쳐 있으면 ▢▢▢▢과 ▢▢ 모두 고도지구를 따른다.
3. 방화지구가 다른 지구와 함께 걸쳐 있으면 ▢▢▢만 방화지구를 따른다(단, 방화벽설치 시 각각 적용).
4. 녹지지역이 다른 지역과 함께 걸쳐 있으면 건축물과 대지는 ▢▢ 적용한다(단, 녹지지역도 고도·방화
   지구 시에는 2. 3. 따름).

Thema 10 지구단위계획

1. 계획은 일부에 세우고 지정은 전부 또는 일부, 도시·군관리계획 지정(결정)

2. 도시지역 의무적 지정지역:

   ① 정비구역·택지개발지구(사업종료 10년이 지난지역)

   ② 시가화조정구역·공원에서 해제(30만㎡ 이상)

   ③ 녹지지역 → 주거·상업·공업지역으로 변경(30만㎡ 이상)

3. 도시지역 외 지정(임의적): ① 계획관리지역(50% 이상)＋보전·생산관리지역

   ② 개발진흥지구: 주거계획(계획관리지역), 산업·유통(보전지역 제외), 관광·휴양(모든지역)

4. 포함내용: 필요적포함(건폐율, 용적률, 높이, 용도제한, 기반시설), 임의적포함(건축선 등)

5. 완화(강화 ×)

   ① 도시지역: 건폐율(150% 초과 금지), 용적률(200% 초과 금지), 높이(120% 이내), 주차장(100%)

   ② 비도시지역: 건폐율(150% 이내), 용적률(200% 이내)

6. 지구단위계획에 맞게 건축(가설건축물은 제외)

7. 실효: 원칙(고시일부터 3년 다음날), 주민입안제안(5년 다음날＋환원)

   ※ 도시혁신·복합용도지역 실효: 지구단위 실효와 동일

📝 **기출유형**

ⓐ 개발제한구역에서 해제되는 면적이 30만 제곱미터 이상인 지역은 지구단위계획구역으로 지정할 수 있다.

ⓑ 지구단위계획은 도시·군관리계획으로 결정한다.

ⓒ 건축선에 관한 계획은 지구단위계획의 내용에 포함할 수 있다.

ⓓ 도시지역에서 지구단위계획구역의 지정목적이 한옥마을을 보존하고자 하는 경우 지구단위계획으로「주차장법」에 의한 주차장 설치 기준을 100퍼센트까지 완화하여 적용할 수 있다.

ⓔ 주민이 입안을 제안한 경우, 지구단위계획에 관한 도시·군관리계획결정의 고시일부터 5년 이내에 허가를 받아 사업이나 공사에 착수 하지 아니하면 그 5년이 된 날의 다음 날에 지구단위계획구역의 지정에 관한 도시·군관리계획결정은 효력을 잃는다.

Thema 10 지구단위계획

1. 계획은 □□에 세우고 지정은 전부 또는 일부, 도시·군□□계획 지정(결정)
2. 도시지역 의무적 지정지역:
   ① □비구역·□지개발지구(사업종료 □년이 지난지역)
   ② □가화조정구역·□원에서 □□(□만㎡ 이상)
   ③ 녹지지역 → 주거·상업·공업지역으로 변경(30만㎡ 이상)
3. 도시지역 외 지정(임의적): ① □□관리지역(□% 이상)＋보전·생산관리지역
   ② 개발진흥지구: 주거□□(계획관리지역), 산업·유통(□□지역 제외), 관광·휴양(모든지역)
4. 포함내용: 필요적포함(건폐율, 용적률, 높이, 용도제한, 기반시설), □□□포함(건축선 등)
5. 완화(강화 ×)
   ① 도시지역: 건폐율(150% 초과 금지), 용적률(200% 초과 금지), □이(120% 이내), □차장(100%)
   ② 비도시지역: 건폐율(150% 이내), 용적률(200% 이내)
6. 지구단위계획에 맞게 건축(□□건축물은 제외)
7. 실효: 원칙(고시일부터 □년 다음날), 주민□안제안(□년 다음날＋환원)
   ※ 도시혁신·복합용도지역 실효: 지구단위 실효와 동일

> **기출유형**
> ⓐ 개발제한구역에서 해제되는 면적이 30만 제곱미터 이상인 지역은 지구단위계획구역으로 지정할 수 있다.
> ⓑ 지구단위계획은 도시·군관리계획으로 결정한다.
> ⓒ 건축선에 관한 계획은 지구단위계획의 내용에 포함할 수 있다.
> ⓓ 도시지역에서 지구단위계획구역의 지정목적이 한옥마을을 보존하고자 하는 경우 지구단위계획으로 「주차장법」에 의한 주차장 설치 기준을 100퍼센트까지 완화하여 적용할 수 있다.
> ⓔ 주민이 입안을 제안한 경우, 지구단위계획에 관한 도시·군관리계획결정의 고시일부터 5년 이내에 허가를 받아 사업이나 공사에 착수 하지 아니하면 그 5년이 된 날의 다음 날에 지구단위계획구역의 지정에 관한 도시·군관리계획결정은 효력을 잃는다.

Thema 11 기반시설(광역시설 포함)

1. 기반시설종류는 교통·공간·유통공급·공공문화체육·방재·보건위생·환경기초시설로 구분
2. 고속도로는 도로의 세분대상이 아니고, 우선도로는 보행자만 가지고 있다.
3. ~광장이 붙어 있으면 모두 광장(공간시설)이다.
4. 보건위생시설은 가기 싫은 곳(장사시설, 의료시설, 도축장)이다.
5. 환경기초시설 기억하자(폐, 하, 빗물, 폐, 수)
   ※ 폐차장, 하수도, 빗물저장 및 이용시설, 폐기물처리 및 재활용시설, 수질오염방지시설
6. 도시·군계획시설 : 기반시설 중 도시·군관리계획으로 결정된 시설
   ※ 도시관리계획으로 반드시 결정 기반시설 : 발전시설, 옥외변전시설
7. 도시·군계획시설관리 : 국가는 장관이 하고 지방은 조례로 정한다. 단, 보상은 따로 법률로 정함
8. 광역시설은 도시·군계획시설의 관리를 따르되, 국가계획인 광역시설은 법인이 설치·관리한다.

> **기출유형**
>
> ⓐ 유통업무설비, 수도·전기·가스·열공급설비, 하수도, 방송·통신시설, 공동구·시장, 유류저장 및 송유설비는 유통·공급시설에 해당한다.
> ⓑ 국가계획으로 설치·관리하는 광역시설은 그 광역시설의 설치·관리를 사업종목으로 하여 다른 법률에 따라 설립된 법인이 관리할 수 있다.
> ⓒ 도시·군계획시설을 공중·수중·수상 또는 지하에 설치하는 경우 그 높이나 깊이의 기준과 그 설치로 인하여 토지나 건물의 소유권 행사에 제한을 받는 자에 대한 보상 등에 관하여는 따로 법률로 정한다.

Thema 12 공동구

1. 공동구란 지하매설물을 말한다.
2. 의무적 설치 : 200만m² 초과 지역에 개발사업을 하려는 자(~단지 ×, ~특구 ×, ~지역개발 ×)
3. 원칙은 필요적 수용이나, 가스관·하수도관은 임의적 수용(공동구협의회 심의)대상
4. 설치완료시 사업시행자는 점용하려는자에게 개별적으로 통지하여야 한다.
5. 설치비용부담은 점용하려는자(3분의 1 이상 납부)와 설치자가 공동부담하고, 관리비용은 점용하는자가 점용면적비율로 부담한다.
6. 유지관리계획은 5년이고, 안전점검은 1년에 1회 이상 실시
7. 점용면적고려(공동구관리자), 점용료·사용료(조례)

> **기출유형**
>
> ⓐ 공동구의 설치에 필요한 비용은 공동구를 점용하려는 자와 사업시행자가 함께 부담한다.
> ⓑ 지역개발 및 지원에 관한 법률에 따른 지역개발사업 구역, 관광단지에 개발사업을 시행하는 자는 지역 등의 규모가 200만m²를 초과인 경우에도 사업시행자가 공동구를 설치하여야 하는 지역에 해당하지 않는다.

Thema 11 기반시설(광역시설 포함)

1. ☐☐☐☐종류는 교통·공간·유통공급·공공문화체육·방재·보건위생·환경기초시설로 구분
2. 고속도로는 도로의 세분대상이 아니고, 우선도로는 보행자만 가지고 있다.
3. ~광장이 붙어 있으면 모두 광장(☐☐시설)이다.
4. ☐☐☐☐시설은 가기 싫은 곳(장사시설, 의료시설, 도축장)이다.
5. ☐☐☐☐시설 기억하자(폐, 하, 빗물, 폐, 수)
   ※ 폐차장, 하수도, 빗물저장 및 이용시설, 폐기물처리 및 재활용시설, 수질오염방지시설
6. 도시·군계획시설 : ☐☐☐☐ 중 ☐☐☐☐☐☐계획으로 결정된 시설
   ※ 도시관리계획으로 반드시 결정 기반시설 : 발전시설, 옥외변전시설
7. 도시·군계획시설관리 : 국가는 장관이 하고 지방은 ☐☐로 정한다. 단, 보상은 따로 법률로 정함
8. 광역시설은 도시·군계획시설의 관리를 따르되, 국가계획인 광역시설은 ☐☐이 설치·관리한다.

기출유형
ⓐ 유통업무설비, 수도·전기·가스·열공급설비, 하수도, 방송·통신시설, 공동구·시장, 유류저장 및 송유설비는 유통·공급시설에 해당한다.
ⓑ 국가계획으로 설치·관리하는 광역시설은 그 광역시설의 설치·관리를 사업종목으로 하여 다른 법률에 따라 설립된 법인이 관리할 수 있다.
ⓒ 도시·군계획시설을 공중·수중·수상 또는 지하에 설치하는 경우 그 높이나 깊이의 기준과 그 설치로 인하여 토지나 건물의 소유권 행사에 제한을 받는 자에 대한 보상 등에 관하여는 따로 법률로 정한다.

Thema 12 공동구

1. ☐☐☐란 지하매설물을 말한다.
2. 의무적 설치 : 200만㎡ ☐☐ 지역에 개발사업을 하려는 자(~단지 ×, ~특구 ×, ~지역개발 ×)
3. 원칙은 필요적 수용이나, 가스관·☐☐☐☐은 임의적 수용(공동구협의회 심의)대상
4. 설치완료시 사업시행자는 점용하려는자에게 ☐☐☐☐으로 통지하여야 한다.
5. 설치비용부담은 점용하려는자(3분의 1 이상 납부)와 설치자가 공동부담하고, 관리비용은 점용하는자가 점용☐☐☐☐로 부담한다.
6. 유지관리계획은 ☐년이고, 안전점검은 ☐년에 ☐회 이상 실시
7. 점용면적고려(☐☐☐☐☐☐☐), 점용료·사용료(☐☐☐)

기출유형
ⓐ 공동구의 설치에 필요한 비용은 공동구를 점용하려는 자와 사업시행자가 함께 부담한다.
ⓑ 지역개발 및 지원에 관한 법률에 따른 지역개발사업 구역, 관광단지에 개발사업을 시행하는 자는 지역 등의 규모가 200만㎡를 초과인 경우에도 사업시행자가 공동구를 설치하여야 하는 지역에 해당하지 않는다.

Thema 13 · 도시 · 군계획시설사업

1. 단계별집행계획 : 재원조달계획 · 보상계획(3개월 이내), 타법률의제(2년 이내),
   구분수립 : 1단계(3년 전)집행계획 · 2단계(3년 후)계획, 2단계를 1단계에 포함할 수 있다.

2. 인가(국토교통부장관, 시 · 도지사, 대도시 시장 제외)시행자대상, 경미(사업명칭변경 · 구역변경없는
   10% 미만, 숫자 5 이하)

3. 사업시행자 지정 요건 : 면적 3분의2 이상+소유자총수 2분의1 이상 동의가 필요(국 · 똘 제외)

4. 조건부인가(조 · 경 · 환 · 위 · 기)시 이행보증금이 발생(국 · 똘 제외)
   ※ 조경, 경관, 환경, 위해방지, 기반시설설치

5. 사업시행자 보호조치 : 분할시행, 무료열람, 공시송달(승인필요), 국 · 공유지처분제한(위반 : 무효), 토지
   수용 · 사용(토지보상법준용), 타인토지출입(기초조사 · 지가 · 측량)

6. 타인토지출입(7일 전), 장애물제거 · 변경(3일 전, 동의) : 소유자 · 점유자 · 관리인에게 사전통지
   ※ 출입 및 부동의시 비행정청시행자인 경우 시 · 군수에게 허가를 받아야 한다.

7. 일출 전 일몰 후 출입제한(점유자에게만 승낙), 증표제시(관계인), 수인의무(1000만원 이하 과태료)

8. 손실보상(시행자), 행정심판(행정청대상)

9. 준공검사(시 · 도지사, 대도시 시장), 공사완료의 공고(국토교통부장관, 시 · 도지사, 대도시 시장)

기출유형

ⓐ 단계별 집행계획은 제1단계 집행계획과 제2단계 집행계획으로 구분하여 수립한다.
ⓑ 국토교통부장관이 지정한 시행자가 국토교통부장관에게 인가 받은 후 사업명칭을 변경하는 경우에는 변경인
   가를 받지 않는다.
ⓒ 한국도로공사는 도시 · 군계획시설사업의 시행자가 될 수 있다.
ⓓ 사업으로 인하여 기반시설의 설치가 필요한 경우 사업의 시행자인 지방자치단체는 그 이행의 담보를 위한 이
   행보증금을 예치할 의무가 없다.
ⓔ 도시 · 군계획시설사업의 시행자가 비행정청인 경우, 시행자의 처분에 대하여는 행정심판을 제기할 수 없다.

Thema 13 ▸ 도시 · 군계획시설사업

1. 단계별집행계획 : 재원조달계획 · 보상계획(3개월 이내), 타법률의제(2년 이내),

   구분수립 : 1단계(3년 전)집행계획 · 2단계(3년 후)계획, 2단계를 1단계에 ☐☐할 수 있다.

2. 인가(국토교통부장관, 시 · 도지사, 대도시 시장 제외)시행자대상, 경미(사업명칭변경 · 구역변경☐☐

   10% 미만, 숫자 5 이하)

3. 사업시행자 지정 요건 : 면적 ☐☐☐ 이상+소유자총수 ☐☐☐ 이상 동의가 필요(국 · 똘 ☐☐)

4. 조건부인가(조 · 경 · 환 · 위 · 기)시 이행보증금이 발생(국 · 똘 ☐☐)

   ※ 조경, 경관, 환경, 위해방지, 기반시설설치

5. 사업시행자 보호조치 : 분할시행, 무료열람, 공시송달(☐☐필요), 국 · 공유지처분제한(위반 : ☐☐), 토지

   수용 · 사용(토지보상법준용), 타인토지출입(☐☐☐☐ · 지가 · 측량)

6. 타인토지출입(☐일 전), 장애물제거 · 변경(☐일 전, ☐☐) : ☐☐☐☐) · 점유자 · 관리인에게 사전통지

   ※ 출입 및 부동의시 비행정청시행자인 경우 시 · 군수에게 허가를 받아야 한다.

7. 일출 전 일몰 후 출입제한(☐☐☐☐에게만 승낙), 증표제시(관계인), 수인의무(1000만원 이하 과태료)

8. 손실보상(시행자), 행정심판(☐☐☐대상)

9. 준공검사(시 · 도지사, 대도시 시장), 공사완료의 공고(국토교통부장관, 시 · 도지사, 대도시 시장)

📌 기출유형

ⓐ 단계별 집행계획은 제1단계 집행계획과 제2단계 집행계획으로 구분하여 수립한다.

ⓑ 국토교통부장관이 지정한 시행자가 국토교통부장관에게 인가 받은 후 사업명칭을 변경하는 경우에는 변경인
   가를 받지 않는다.

ⓒ 한국도로공사는 도시 · 군계획시설사업의 시행자가 될 수 있다.

ⓓ 사업으로 인하여 기반시설의 설치가 필요한 경우 사업의 시행자인 지방자치단체는 그 이행의 담보를 위한 이
   행보증금을 예치할 의무가 없다.

ⓔ 도시 · 군계획시설사업의 시행자가 비행정청인 경우, 시행자의 처분에 대하여는 행정심판을 제기할 수 없다.

Thema 14 | 매수청구

1. 10년 이내 시행하지 않고(단, 인가절차진행 제외)＋지목대(건축물포함) : 청구할 수 있다.
2. 6개월 이내 매수여부결정·알림, 결정통지 후 2년 이내 매수하여야 한다.
3. 매수가격 : 「공익사업을 위한 토지 등의 취득 및 보상에 관한 법률」 준용
4. 매수 : 현금(원칙), 도시·군계획시설채권발행(지방자치단체만, 보증없음, 무기명), 상환기간(10년 이내)
   ※ 도시·군계획시설채권(원할 때, 부재·비업무용 3,000만원 초과금액)
5. 처음부터 매수 안할 때, 2년 후 매수 안할 때 : 3층 이하 단독주택·근린생활시설(단란주점·안마시술소·노래연습장·다중생활시설 제외)·공작물 건축허용
6. 실효 : 고시일로부터 20년이 되는 날의 다음날

📌 기출유형

ⓐ 부재부동산 소유자의 토지로서 매수대금이 3,000만원을 초과하는 경우 매수의무자는 도시·군계획시설채권을 발행하여 지급할 수 있다.

ⓑ 매수 청구된 토지의 매수가격·매수절차 등에 관하여는 「공익사업을 위한 토지 등의 취득 및 보상에 관한 법률」을 준용한다.

ⓒ 매수의무자는 매수하기로 결정한 토지를 매수 결정을 알린 날부터 2년 이내에 매수하여야 한다.

ⓓ 매수청구를 한 토지의 소유자는 매수의무자가 그 토지를 매수하지 아니하기로 결정한 경우 개발행위허가를 받아 3층 이하의 제1종 근린생활시설을 설치할 수 있다.

ⓔ 도시·군계획시설결정이 고시된 도시·군계획시설에 대하여 그 고시일부터 20년이 지날 때까지 그 시설의 설치에 관한 도시·군계획시설사업이 시행되지 아니하는 경우 그 도시·군계획시설결정은 그 고시일부터 20년이 되는 날의 다음 날에 그 효력을 잃는다.

Thema 14 ┃ 매수청구

1. ☐년 이내 시행하지 않고(단, ☐☐☐☐☐진행 제외)+지목☐(건축물☐☐): 청구☐☐☐☐☐.

2. ☐개월 이내 매수여부결정·알림, 결정통지 후 2년 이내 매수☐☐☐☐☐.

3. 매수가격: 「공익사업을 위한 토지 등의 취득 및 보상에 관한 법률」준용

4. 매수: 금(원칙), 도시·군계획시설채권발행(☐☐☐☐☐☐☐만, 보증없음, ☐☐☐), 상환기간(☐☐☐☐)

   ※ 도시·군계획시설채권(☐할 때, 부재·비업무용 ☐☐만원 초과금액)

5. 처음부터 매수 안할 때, 2년 후 매수 안할 때: ☐층 이하 단독주택·근린생활시설(단란주점·안마시술소·노래연습장·다중생활시설 제외)·공작물 건축허용

6. 실효: 고시일로부터 ☐년이 되는 날의 ☐☐☐☐

기출유형

ⓐ 부재부동산 소유자의 토지로서 매수대금이 3,000만원을 초과하는 경우 매수의무자는 도시·군계획시설채권을 발행하여 지급할 수 있다.

ⓑ 매수 청구된 토지의 매수가격·매수절차 등에 관하여는 「공익사업을 위한 토지 등의 취득 및 보상에 관한 법률」을 준용한다.

ⓒ 매수의무자는 매수하기로 결정한 토지를 매수 결정을 알린 날부터 2년 이내에 매수하여야 한다.

ⓓ 매수청구를 한 토지의 소유자는 매수의무자가 그 토지를 매수하지 아니하기로 결정한 경우 개발행위허가를 받아 3층 이하의 제1종 근린생활시설을 설치할 수 있다.

ⓔ 도시·군계획시설결정이 고시된 도시·군계획시설에 대하여 그 고시일부터 20년이 지날 때까지 그 시설의 설치에 관한 도시·군계획시설사업이 시행되지 아니하는 경우 그 도시·군계획시설결정은 그 고시일부터 20년이 되는 날의 다음 날에 그 효력을 잃는다.

Thema 15 개발행위허가

1. 허가대상은 건·물·토형·토채·토분(도시·군계획사업은 제외)
   ※ 물건쌓기: 녹·관·자 1개월 이상

2. 녹·관·농비닐하우스(양식 제외), 사도개설허가시 분할, 경작을 위한 토지형질변경, 전·답지목변경, 단축·축소, 숫자 5 이하 개발행위허가대상 아니다

3. 재난복구나 재난수습을 위한 응급조치(1개월 이내 신고)

4. 신청서제출(조·경·환·위·기) - 개발밀도관리구역 기반시설설치 제외
   ※ 조경, 경관, 환경, 위해방지, 기반시설설치

5. 개발행위 기준면적(미만): 농·공·관리3만, 자보·보녹5천, 나머지1만

6. 도시계획위원회 심의 예외: 지, 성, 농, 교, 환, 산, 사, 재심의
   ※ 지구단위, 성장관리계획, 농어촌정비, 교통영향평가, 환경영향평가, 산림사업, 사방사업, 심의받은 구역

7. 조건부인가(조·경·환·위·기)시 이행보증금(20%예치)이 발생- 국·똘 제외

8. 준공검사대상 아님: 토지분할, 물건쌓기

9. 허가제한(수목·우량농지, 환·경·국가유산, 계획, 지구, 기부)은 심의 거쳐 3년(원칙)
   ※ 심의 없이 2년(연장) - 계획, 지구, 기부

10. 성장관리계획은 녹지·관리·농림지역 및 자연환경보전지역에 지정(임의적), 완화(건폐율: 계획 50%, 보전 제외 30% 이하, 용적율: 계획관리지역만 125% 이하)

11. 공공시설
    ① 세목통지: 행정청(준공검사 마친 때), 비행정청(개발행위가 끝나기 전)
    ② 귀속·양도: 행정청(통지시 무상귀속),
       비행정청(준공검사 받을 때 새로설치시설 무상귀속·폐지시설 상당범위내 무상양도)

12. 관리청 불분명: 도로(국토교통부장관), 하천(환경부장관), 재산(기획재정부장관)

기출유형

ⓐ 도시·군계획사업에 의한 행위의 경우에는 개발행위허가 대상이 아니다.

ⓑ 개발밀도관리구역 안에서 개발행위허가 신청을 할 때에는 기반시설의 설치나 그에 필요한 용지의 확보에 관한 계획서를 제출하지 않아도 된다.

ⓒ 재난수습을 위한 응급조치인 경우에는 1개월 이내에 신고하여야 한다.

ⓓ 성장관리계획구역 내 계획관리지역에서는 125퍼센트 이하의 범위에서 용적률을 완화하여 적용할 수 있다.

ⓔ 건축물의 배치·형태·색채·높이는 성장관리방안에 포함될 수 있는 사항에 해당한다.

Thema 15   개발행위허가

1. 허가대상은 건·물·토형·토채·토분([   ]사업은 제외)

    ※ 물건쌓기 : 녹·관·자 [   ] 이상

2. 녹·관·농비닐하우스(양식 제외), 사도개설허가시 분할, 경작을 위한 토지형질변경, 전·답지목변경, 단축·축소, 숫자 [ ] 이하 개발행위허가대상 아니다

3. 재난복구나 재난수습을 위한 응급조치([   ] 이내 신고)

4. 신청서제출(조·경·환·위·기) - 개발밀도관리구역 [   ] 제외

    ※ 조경, 경관, 환경, 위해방지, 기반시설설치

5. 개발행위 기준면적(미만) : 농·공·관리[ ]만, 자보·보녹5천, 나머지1만

6. 도시계획위원회 심의 예외 : 지, 성, 농, 교, 환, 산, 사, 재심의

    ※ [   ]단위, [   ]관리계획, [   ]정비, 교통영향평가, 환경영향평가, 산림사업, 사방사업, 심의받은 구역

7. 조건부인가(조·경·환·위·기)시 이행보증금([ ]%예치)이 발생- 국·돌 제외

8. 준공검사대상 아님 : [   ], 물건쌓기

9. 허가제한(수목·우량농지, 환·경·국가유산, 계획, 지구, 기부)은 [   ] 거쳐 [ ]년(원칙)

    ※ 심의 [   ][ ]년(연장) - 계획, 지구, 기부

10. 성장관리계획은 [ ]지·[ ]리·[ ]림지역 및 [ ]연환경보전지역에 지정(임의적), 완화(건폐율 : 계획 50%, 보전 제외 30% 이하, 용적율 : [   ]관리지역만 [ ]% 이하)

11. 공공시설

    ① 세목통지 : 행정청(준공검사 마친 때), 비행정청(개발행위가 끝나기 전)

    ② 귀속·양도 : 행정청(통지시 [   ]귀속),

    비행정청(준공검사 받을 때 새로설치시설 무상귀속·[   ]시설 [ ]범위내 무상양도)

12. 관리청 불분명 : 도로(국토교통부장관), 하천(환경부장관), 재산([   ]장관)

> 🏴 **기출유형**
>
> ⓐ 도시·군계획사업에 의한 행위의 경우에는 개발행위허가 대상이 아니다.
>
> ⓑ 개발밀도관리구역 안에서 개발행위허가 신청을 할 때에는 기반시설의 설치나 그에 필요한 용지의 확보에 관한 계획서를 제출하지 않아도 된다.
>
> ⓒ 재난수습을 위한 응급조치인 경우에는 1개월 이내에 신고하여야 한다.
>
> ⓓ 성장관리계획구역 내 계획관리지역에서는 125퍼센트 이하의 범위에서 용적률을 완화하여 적용할 수 있다.
>
> ⓔ 건축물의 배치·형태·색채·높이는 성장관리방안에 포함될 수 있는 사항에 해당한다.

Thema 16 　개발밀도관리구역 & 기반시설부담구역 & 보칙

1. 개발밀도관리구역(주거·상업·공업지역) 지정은 할 수 있다, 기반시설부담구역 지정은 하여야 한다.
   ※ 지정권자: 시·군수(6짱)

2. 개발밀도관리구역은 강화(용적률 최대한도 50%), 기반시설부담구역은 완화

3. 개발밀도관리구역은 2년이 나오고 기반시설부담구역은 2년이 안 나온다.

4. 기반시설부담구역 수립은 1년 다음날 해제

5. 개발밀도관리구역은 주민의견 ×, 20%,
   기반시설부담구역은 주민의견 ○, 20%(개발행위건수·인구증가율)

6. 기반시설부담구역의 지정은 개발밀도관리구역 외의 지역

7. 기반시설: 대학(「고등교육법」에 따른 학교)은 제외

8. 기반시설부담구역의 부과대상 기준은 $200m^2$ 초과(신축·증축) – 리모델링은 아님

9. 2개월 이내(부과), 30일 이내(통지), 사용승인신청시(납부), 물납가능, 특별회계, 강제징수

10. 기반시설유발계수: 주택·노·운·교·수·업·죽음(0.7), 의료(0.9), 숙박(1.0), 1종·판매(1.3),
    2종(1.6), 관광(1.9), 위락(2.1)

11. 청문(시·군·구): 개발행위허가의 취소, 실시계획인가의 취소,
    도시·군계획시설사업의 시행자지정의 취소

12. 도시계획위원회: 공통(25-30, 2년, 재과출석·출과찬성),
    차이(중앙위촉, 지방위원장위촉·부위원장호선)

13. 시범도시: 국토교통부장관 지정, 구청장도 공모응모·수립가능, 지원(수립 80% 이하, 시행 50% 이하)

> **기출유형**
>
> ⓐ 주거지역에서의 개발행위로 기반시설의 처리능력이 부족할 것이 예상되는 지역 중 기반시설의 설치가 곤란한 지역을 개발밀도관리구역으로 지정할 수 있다.
> ⓑ 기반시설부담구역에 설치가 필요한 기반시설에는 「고등교육법」에 따른 학교는 포함되지 않는다.
> ⓒ 군수는 도지사의 승인을 받아 「국토의 계획 및 이용에 관한 법률」의 개정으로 인하여 행위 제한이 완화되는 지역에 대하여는 이를 기반시설부담구역으로 지정하여야 한다.
> ⓓ 동일한 지역에 대해 기반시설부담구역과 개발밀도관리구역을 중복하여 지정할 수 없다.
> ⓔ 기반시설부담구역의 지정고시일부터 1년이 되는 날까지 기반시설설치계획을 수립하지 아니하면 그 1년이 되는 날의 다음 날에 구역의 지정은 해제된 것으로 본다.

Thema 16   개발밀도관리구역 & 기반시설부담구역 & 보칙

1. 개발밀도관리구역(☐거·☐업·☐업지역) 지정은 할 수 있다, 기반시설부담구역 지정은 하여야 한다.
   ※ 지정권자 : 시·군수(6짱)

2. 개발밀도관리구역은 강화(☐적률 최대한도 ☐%), 기반시설부담구역은 완화

3. 개발밀도관리구역은 2년이 나오고 기반시설부담구역은 2년이 안 나온다.

4. 기반시설부담구역 수립은 ☐년 ☐☐☐☐ 해제

5. 개발밀도관리구역은 ☐☐☐☐☐☐ ×, 20%,
   기반시설부담구역은 ☐☐☐☐☐☐ ○, 20%(개발행위건수·인구증가율)

6. 기반시설부담구역의 지정은 개발밀도관리구역 ☐의 지역

7. 기반시설 : 대학(「고등교육법」에 따른 학교)은 ☐☐☐

8. 기반시설부담구역의 부과대상 기준은 200m² ☐☐(신축·증축) – 리모델링은 아님

9. 2개월 이내(부과), 30일 이내(통지), 사용승인신청시(납부), ☐☐가능, ☐☐회계, ☐☐징수

10. 기반시설유발계수 : 주택·노·운·교·수·업·죽음(☐), 의료(☐), 숙박(☐), 1종·판매(☐),
    2종(☐), 관광(☐), 위락(☐)

11. 청문(시·군·구) : 개발행위☐☐의 취소, 실시계획☐☐의 취소,
    도시·군계획시설사업의 ☐☐☐☐☐의 취소

12. 도시계획위원회 : 공통(25−30, 2년, 재과출석·출과찬성),
    차이(중앙위촉, 지방위원장위촉·부위원장호선)

13. 시범도시 : ☐☐☐☐☐☐ 지정, 구청장도 공모응모·수립가능, 지원(수립 80% 이하, 시행 50% 이하)

기출유형

ⓐ 주거지역에서의 개발행위로 기반시설의 처리능력이 부족할 것이 예상되는 지역 중 기반시설의 설치가 곤란한 지역을 개발밀도관리구역으로 지정할 수 있다.

ⓑ 기반시설부담구역에 설치가 필요한 기반시설에는 「고등교육법」에 따른 학교는 포함되지 않는다.

ⓒ 군수는 도지사의 승인을 받아 「국토의 계획 및 이용에 관한 법률」의 개정으로 인하여 행위 제한이 완화되는 지역에 대하여는 이를 기반시설부담구역으로 지정하여야 한다.

ⓓ 동일한 지역에 대해 기반시설부담구역과 개발밀도관리구역을 중복하여 지정할 수 없다.

ⓔ 기반시설부담구역의 지정고시일부터 1년이 되는 날까지 기반시설설치계획을 수립하지 아니하면 그 1년이 되는 날의 다음 날에 구역의 지정은 해제된 것으로 본다.

건축법

Thema 17 　건축법 용어정의

1. 지하층은 층고 2분의 1 이상이 지표하(땅아래)에 있어야 한다.

2. 주요구조부는 내력벽, 기둥, 바닥, 보, 지붕틀, 주계단이다.

3. 고층(30층 이상 이거나 120미터 이상)은 준초고층과 초고층(50층 이상 이거나 200미터 이상)으로 나뉜다.

4. 교육 · 장례 · 위락 · 관광휴게 · 노유자 · 운동시설 − 준다중(바닥면적합계 1000m² 이상)

5. 16층 이상은 용도와 관여 없이 무조건 다중이용건축물이다.

6. 특수구조건축물 : 3미터 이상 돌출, 기둥과 기둥사이 20미터 이상

⚑ 기출유형

ⓐ 바닥(최하층 바닥은 제외)은 '주요구조부'에 해당한다.

ⓑ "초고층건축물"이란 층수가 50층 이상이거나 높이가 200미터 이상인 건축을 말한다.

ⓒ 건축물의 바닥이 지표면 아래에 있는 층으로서 바닥에서 지표면까지 평균높이가 해당 층 높이의 2분의 1인 것은 '지하층'에 해당한다.

ⓓ 장례시설로 사용하는 바닥면적의 합계가 5천 제곱미터인 10층의 장례식장은 준다중이용건축에 해당한다.

ⓔ 기둥과 기둥 사이의 거리(기둥의 중심선 사이의 거리를 말함)가 30미터인 건축물은 특수구조건축물로서 건축물 내진등급의 설정에 관한 규정을 강화하여 적용할 수 있다.

건축법

Thema 17 건축법 용어정의

1. 지하층은 층고 ☐ 이상이 지표하(땅아래)에 있어야 한다.

2. 주요구조부는 ☐력벽, ☐둥, ☐닥, ☐, ☐붕틀, ☐계단이다.

3. 고층(30층 이상 ☐ 120미터 이상)은 준초고층과 초고층(☐층 이상 이거나 ☐미터 이상)으로 나뉜다.

4. 교육·장례·위락·관광휴게·노유자·운동시설 — ☐(바닥면적합계 1000㎡ 이상)

5. ☐층 이상은 용도와 관여 없이 무조건 ☐이용건축물이다.

6. ☐건축물: 3미터 이상 돌출, 기둥과 기둥사이 20미터 이상

기출유형

ⓐ 바닥(최하층 바닥은 제외)은 '주요구조부'에 해당한다.

ⓑ "초고층건축물"이란 층수가 50층 이상이거나 높이가 200미터 이상인 건축을 말한다.

ⓒ 건축물의 바닥이 지표면 아래에 있는 층으로서 바닥에서 지표면까지 평균높이가 해당 층 높이의 2분의 1인 것은 '지하층'에 해당한다.

ⓓ 장례시설로 사용하는 바닥면적의 합계가 5천 제곱미터인 10층의 장례식장은 준다중이용건축에 해당한다.

ⓔ 기둥과 기둥 사이의 거리(기둥의 중심선 사이의 거리를 말함)가 30미터인 건축물은 특수구조건축물로서 건축물 내진등급의 설정에 관한 규정을 강화하여 적용할 수 있다.

Thema 18 건축법 적용

1. 건축법상 건축물이란 지붕과 기둥 또는 벽이 있는 것(지하나 고가설치 불문)

    적용 제외 : 문화유산, 철도관련시설(철도역사 ×), 톨게이트, 간이창고(이동 쉬움), 수문조작실

2. 공작물(건축물과 분리)이란 2(미터)옹담이, 4(미터)기장광과, 5(미터)태에게, 6(미터)골굴을, 8(미터)고, 지하30m² 에 숨었다. − 초과

3. 면, 동 또는 읍에 속한 섬은 500인 미만 : 건축법완화(대지, 도로, 건축선, 방화) − 건폐율·용적률 제외

4. 신축이란 없는 대지에 새롭게 축조하거나 해체·멸실된 건축물인 경우 기존보다 더 크게 건축하는 것

5. 증축은 기존건축물을 늘리는 것, 개축은 기존건축물 해체·재축은 기존건축물 멸실 후 동일범위 이하로 축조하는 것

6. 이전이란 주요구조부 해체하지 않고 같은 대지 다른 위치로 자리 변경하는 것

7. 대수선은 내, 기, 바, 보, 지, 주, 경, 마 ① 증설·해체(숫자상관 없음), 증축(늘리면)과 비교,

    ② 수선·변경[숫자 : 내·기·보·지·마 3 이상 − 내·마(벽)30m² 이상]

📌 기출유형

ⓐ 철도의 선로 부지에 있는 철도 선로의 위나 아래를 가로지르는 보행시설은 건축법상 용적률 규정이 적용되지 않는다.

ⓑ 건축허가를 받은 경우에도 해당 대지를 조성하기 위해 건축물과 분리된 높이 3미터의 옹벽을 축조하려면 따로 공작물 축조신고를 하여야 한다.

ⓒ '이전'은 건축물의 주요구조부를 해체하지 않고 같은 대지 다른 위치로 옮기는 것으로 건축에 해당한다.

Thema 19 용도변경

1. 단독주택(단독, 다중, 다가구, 공관), 공동주택(다세대, 연립, 아파트, 기숙사)

2. ～원(1종), 병원(의료), 동물병원(근린), 학원(교육), 운전학원(자동차), 무도학원(위락), 동·식물원(문화), 동·식물관련시설(도축장), 장례식장·묘지(동물포함)

3. 용도변경 하위순서 : 자동차, 산업(묘지·장례), 전기통신, 문화집회(문화·위락·관광휴양·종교), 영업(운동·숙박·판매·다중생활시설), 교육복지(의료·노유자·교육·수련·야영장), 근린(1종, 2종), 주거업무(단독, 공동, 교정, 군사, 기타(그밖 : 동·식물관련)

4. 시설군 상위 허가·하위 신고, 용도군 변경신청(동일용도군끼리 제외), 복수용도인정

    ※ 시·군·구청장에게 허가 또는 신고

5. 바닥면적의 합계가 100m² 이상 : 허가·신고대상 용도변경 사용승인 준용

6. 바닥면적의 합계가 500m² 이상 : 허가대상 용도변경 건축사 설계 준용

📌 기출유형

ⓐ 숙박시설을 수련시설로 용도변경하는 경우에는 구청장에게 신고를 하여야 한다..

ⓑ 산후조리원은 제1종 근린생활시설에 해당한다.

ⓒ 면적에 관계없이 안마시술소는 제2종 근린생활시설이다.

Thema 18 　건축법 적용

1. 건축법상 건축물이란 지붕☐ 기둥 ☐ 벽이 있는 것(지하나 고가설치 불문)

   적용 제외 : 문화유산, 철도관련시설(철도역사 ×), 톨게이트, 간이창고(이동 쉬움), 수문조작실

2. 공작물(건축물과 ☐)이란 2(미터)옹담이, 4(미터)기장광과, 5(미터)태에게, 6(미터)골굴을, 8(미터)고, 지하30m² 에 숨었다.—초과

3. 면, 동 또는 읍에 속한 섬은 500인 ☐ : 건축법완화(대지, 도로, 건축선, 방화)—건폐율·용적률 제외

4. ☐축이란 없는 대지에 새롭게 축조하거나 해체·멸실된 건축물인 경우 기존보다 더 크게 건축하는 것

5. ☐축은 기존건축물을 늘리는 것, ☐축은 기존건축물 해체·☐축은 기존건축물 멸실 후 동일범위 이하로 축조하는 것

6. ☐이란 주요구조부 해체하지 않고 같은 대지 다른 위치로 자리 변경하는 것

7. 대수선은 내, 기, 바, 보, 지, 주, 경, 마 ① 증설·해체(숫자상관 없음), 증축(☐)과 비교,

   ② 수선·변경[숫자 : 내·기·보·지·마 3 이상 – 내·마(벽)30m² 이상]

> ▶ **기출유형**
>
> ⓐ 철도의 선로 부지에 있는 철도 선로의 위나 아래를 가로지르는 보행시설은 건축법상 용적률 규정이 적용되지 않는다.
> ⓑ 건축허가를 받은 경우에도 해당 대지를 조성하기 위해 건축물과 분리된 높이 3미터의 옹벽을 축조하려면 따로 공작물 축조신고를 하여야 한다.
> ⓒ '이전'은 건축물의 주요구조부를 해체하지 않고 같은 대지 다른 위치로 옮기는 것으로 건축에 해당한다.

Thema 19 　용도변경

1. ☐주택(단독, 다중, 다가구, 공관), ☐주택(다세대, 연립, 아파트, 기숙사)

2. ~원(1종), 병원(의료), 동물병원(근린), 학원(교육), 운전학원(자동차), 무도학원(위락), 동·식물원(문화), 동·식물관련시설(도축장), 장례식장·묘지(동물포함)

3. 용도변경 하위순서 : 자동차, 산업(묘지·장례), 전기통신, 문화집회(문화·위락·관광휴양·종교), 영업(운동·숙박·판매·다중생활시설), 교육복지(의료·노유자·교육·수련·야영장), 근린(1종, 2종), 주거업무(단독, 공동, 교정, 군사, 기타(그밖에 : 동·식물관련)

4. 시설군 상위 ☐·하위 ☐, 용도군 변경신청(동일용도군끼리 제외), 복수용도인정

   ※ 시·군·구청장에게 허가 또는 신고

5. 바닥면적의 합계가 100m² 이상 : ☐·☐대상 용도변경 사용승인 준용

6. 바닥면적의 합계가 500m² 이상 : ☐대상 용도변경 건축사 설계 준용

> ▶ **기출유형**
>
> ⓐ 숙박시설을 수련시설로 용도변경하는 경우에는 구청장에게 신고를 하여야 한다..
> ⓑ 산후조리원은 제1종 근린생활시설에 해당한다.
> ⓒ 면적에 관계없이 안마시술소는 제2종 근린생활시설이다.

Thema 20   건축허가절차

1. 건축법은 연도 나오면 원칙 2년(연장·신고 1년, 가설·공장 3년, 특별 5년)

2. 사전결정(건축허가예약): 통지(행운 7일), 실효(2년), 교통(동시신청), 환경(협의)

    ※ 허가의제: 개발행위, 전용(보전산지 − 도시지역에 한함), 하천점용

3. 건축허가권자(원칙): 특별자치시장·특별자치도지사 또는 시장·군수·구청장

4. 건축허가권자(예외): 특별시장·광역시장(21층 이상 또는 연면적합계 10만m^2 이상 − 10분의 3 이상 증축포함) − 공장·창고 제외

5. 도지사는 건축허가권자가 아닌 사전승인권자에 해당한다.

    ① 21층 이상, 연면적합계 10만m^2 이상(10분의 3 이상 증축 포함) − 공장·창고 제외

    ② 교육·주거환경(층수 ×, 면적 × − 위락·숙박)

    ③ 자연·수질환경(3층 이상, 연면적합계 1000m^2 이상 − 위락·숙박·공동주택·일반음식점·일반업무시설)

6. 대지: 권원확보(분양목적 공동주택 제외), 80% 이상(20% 미만 매도청구: 시가, 3개월 이상 협의)

7. 필요적 취소: 2년 이내(공장: 3년) 공사착수 못한 경우, 공사완료 불가능, 경매·공매 6개월 이후 공사착수 불가능

8. 제한권자: ① 국토교통부장관(모든 허가권자) / 특광(구청장)·도지사(시장·군수)

    ② 특·광·도지사는 국토교통부장관에게 즉시 보고하고 국토교통부장관은 지나치면 해제를 명함

    ③ 제한권자(통보), 허가권자(공고)

🖋 기출유형

ⓐ 허가권자는 사전결정이 신청된 건축물의 대지면적이 「환경영향평가법」에 따른 소규모 환경영향평가 대상사업인 경우 환경부장관이나 지방환경서의 장과 소규모 환경영향평가에 관한 협의를 하여야 한다.

ⓑ 「하천법」에 따른 하천점용허가는 건축허가권자로부터 건축 관련입지와 규모의 사전결정 통지를 받은 경우 허가를 받은 것으로 본다.

ⓒ 공장이나 창고가 아닌 연면적의 합계가 10만 제곱미터 이상인 건축물을 광역시에 건축하려면 광역시장의 허가를 받아야 한다.

ⓓ 분양을 목적으로 하는 공동주택의 건축허가를 받으려는 자는 대지의 소유권을 확보하여야 한다.

ⓔ 허가권자는 공사에 착수하였으나 공사의 완료가 불가능하다고 인정되는 경우 건축허가를 취소하여야 한다.

Thema 20　건축허가절차

1. 건축법은 연도 나오면 원칙 ☐년(연장·신고 ☐년, 가설·공장 ☐년, 특별 ☐년)

2. 사전결정(건축허가예약) : 통지(행운 7일), 실효(2년), 교통(동시신청), 환경(협의)

   ※ 허가의제 : 개발행위, 전용(보전산지 - ☐지역에 한함), 하천점용

3. 건축허가권자(원칙) : 특별자치시장·특별자치도지사 또는 시장·군수·구청장

4. 건축허가권자(예외) : ☐별시장·☐역시장(21층 이상 또는 연면적합계 10만㎡ 이상 - 10분의 3 이상 증축포함) - 공장·창고 제외

5. 도지사는 건축허가권자가 아닌 사전승인권자에 해당한다.

   ① 21층 이상, 연면적합계 10만㎡ 이상(10분의 3 이상 증축 포함) - 공장·창고 제외

   ② 교육·주거환경(층수 ×, 면적 × - 위락·숙박)

   ③ 자연·수질환경(3층 이상, 연면적합계 1000㎡ 이상 - 위락·숙박·공동주택·일반음식점·일반업무시설)

6. 대지 : 권원확보(분양목적 공동주택 제외), 80% 이상(20% 미만 매도청구 : ☐, 3개월 이상 협의)

7. 필요적 취소 : 2년 이내(공장 : 3년) 공사착수 못한 경우, 공사완료 불가능, 경매·공매 6개월 이후 공사착수 불가능

8. 제한권자 : ① 국토교통부장관(모든 허가권자) / 특광(구청장)·도지사(시장·군수)

   　　　　　 ② 특·광·도지사는 국토교통부장관에게 즉시 보고하고 국토교통부장관은 지나치면 해제를 명함

   　　　　　 ③ 제한권자(통보), 허가권자(공고)

🖋 기출유형

ⓐ 허가권자는 사전결정이 신청된 건축물의 대지면적이 「환경영향평가법」에 따른 소규모 환경영향평가 대상사업인 경우 환경부장관이나 지방환경관서의 장과 소규모 환경영향평가에 관한 협의를 하여야 한다.

ⓑ 「하천법」에 따른 하천점용허가는 건축허가권자로부터 건축 관련입지와 규모의 사전결정 통지를 받은 경우 허가를 받은 것으로 본다.

ⓒ 공장이나 창고가 아닌 연면적의 합계가 10만 제곱미터 이상인 건축물을 광역시에 건축하려면 광역시장의 허가를 받아야 한다.

ⓓ 분양을 목적으로 하는 공동주택의 건축허가를 받으려는 자는 대지의 소유권을 확보하여야 한다.

ⓔ 허가권자는 공사에 착수하였으나 공사의 완료가 불가능하다고 인정되는 경우 건축허가를 취소하여야 한다.

Thema 21 건축신고 & 가설건축물 & 사용승인 절차

1. 미리 신고하면 허가로 간주
2. 신고기준: 85m² 이내 증·개·재축(3층 이상 연면적 10분의 1 이내), 연면적 200m² 미만이고 3층 미만 (비도시건축·대수선<단, 주요구조부수선은 면적·층수 적용 안됨>)
   높이 3미터 이하 증축, 연면적 합계 100m² 이하 건축, 연면적 500m² 이하+2층 이하 공장, 창고(연면적 200m² 이하)·축사(연면적 400m² 이하)
3. 신고실효는 1년(연장 1년)
4. 가설건축물: 단단하지 않고(철골·철근구조 아님)+3(층 이하)+3(년 이내)하며+새롭지 않고(새로운 설치 아님)+분양목적 아닐 것
5. 가설건축물 존치기간: 3년 이내(공사용건축물 제외) 기간연장신청·신고[허가(만료 14일전), 신고(만료 7일 전)]
6. 가설건축물 신고: 견본주택, 조립 경비용(10m² 이하), 비닐(100m² 이상), 야외흡연실(50m² 이하)
7. 건축사가 아니어도 가능: 85m² 미만 증·개·재축, 연면적 200m² 미만이고 3층 미만, 신고가설건축물
8. 안전관리예치금: 안전제1(1천m² 이상, 1% 이내), 국·똘 제외
9. 안전영향평가: 초고층·연면적 10만m² 이상+16층 이상, 평가받았다면 해당항목만 평가 간주
10. 사용승인: 허가권자, 사용승인시 사용, 7일 이내 교부없거나 임시사용승인시 사용
    임시사용승인(2년)은 연장은 가능하나 연장기간 제한은 없다.

기출유형

ⓐ 연면적 200m²이고 3층인 건축물의 기둥 3개 이상을 수선하는 것은 건축신고사항이다.
ⓑ 도시·군계획시설 및 도시·군계획시설예정지에서 가설건축물을 건축하려는 자는 특별자치시장·특별자치도 지사 또는 시장·군수·구청장의 허가를 받아야 한다.
ⓒ 초고층건축물과 연면적이 10만 제곱미터 이상이고 16층 이상인 건축물은 안전영향평가를 실시하여야 할 건축물에 해당한다.

Thema 21 건축신고 & 가설건축물 & 사용승인 절차

1. 미리 신고하면 [   ]로 간주
2. 신고기준: 85m² 이내 증·개·재축(3층 이상 연면적 10분의 1 이내), 연면적 200m² [   ]이고 3층 [   ]
   (비도시건축·대수선<단, 주요구조부수선은 면적·층수 적용 안됨>)
   높이 3미터 이하 증축, 연면적 합계 100m² 이하 건축, 연면적 [   ]00m² 이하+[   ]층 이하 공장,
   창고(연면적 200m² 이하)·축사(연면적 400m² 이하)
3. 신고실효는 1년(연장 1년)
4. 가설건축물: 단단하지 않고(철골·철근구조 아님)+3(층 이하)+3(년 이내)하며+새롭지 않고(새로운
   설치 아님)+분양목적 아닐 것
5. 가설건축물 존치기간: [   ]년 이내(공사용건축물 제외) 기간연장신청·신고[허가(만료 14일전), 신고(만료
   7일 전)]
6. 가설건축물 신고: 견본주택, 조립 경비용([   ]m² 이하), 비닐(100m² 이상), 야외흡연실([   ]m² 이하)
7. 건축사가 아니어도 가능: 85m² 미만 증·개·재축, 연면적 200m² 미만이고 3층 미만, 신고가설건축물
8. 안전관리예치금: 안전제1(1천m² 이상, [   ]% 이내), 국·돌 제외
9. 안전영향평가: 초고층·연면적 10만m² 이상+[   ]층 이상, 평가받았다면 해당항목만 평가 간주
10. 사용승인: 허가권자, 사용승인시 사용, 7일 이내 교부없거나 임시사용승인시 사용
    임시사용승인(2년)은 연장은 가능하나 연장기간 제한은 없다.

기출유형

ⓐ 연면적 200m²이고 3층인 건축물의 기둥 3개 이상을 수선하는 것은 건축신고사항이다.
ⓑ 도시·군계획시설 및 도시·군계획시설예정지에서 가설건축물을 건축하려는 자는 특별자치시장·특별자치도
   지사 또는 시장·군수·구청장의 허가를 받아야 한다.
ⓒ 초고층건축물과 연면적이 10만 제곱미터 이상이고 16층 이상인 건축물은 안전영향평가를 실시하여야 할 건축
   물에 해당한다.

Thema 22 대지와 도로

1. 구조안전확인 : 2층 이상·연면적 200m² 이상, 목구조는 3층 이상·연면적 500m² 이상, 높이 13미터 이상, 처마높이 9미터 이상, 기둥과 기둥사이 10미터 이상, 3미터 이상 돌출, 주택

2. 건축구조기술사협력 : 6층 이상(필로티 : 3층 이상), 특수구조, 다중, 준다중

3. 범죄예방기준(CCTV)은 주택 중 단독과 다중 빼고 모두적용, 도서관(범죄예방·경계벽·층간 제외)

4. 시설 : 난간 1.2미터 이상, 옥상 5층 이상(동·식물원, 전시장 제외), 직통계단(보행거리 30미터 이하) 헬리포트 11층 이상+바닥면적 합계 10000m² 이상, 승강기 6층 이상+연면적 2000m² 이상, 비상용승강기 31미터 초과, 차면시설 2미터 이내, 피난안전구역[초고층(30개층마다 1개소 이상), 준초고층(상하 5개층 이내 1개소 이상)]

5. 조경(면적 200m² 이상)은 ① 조경대상 제외[이미 나무존재, 공장, 물류시설(주거·상업지역 제외), 축사, 염분, 가설건축물] ② 옥상 조경면적 3분의 2 인정, 전체면적 100분의 50 초과 금지

6. 공개공지설치는 ① 일반주거, 준주거, 상업, 준공업지역 ② 5000m² 이상(농수산유통시설 제외) ③ 대지면적 100분의 10 이하 ④ 1.2배 이하 완화(용적률·높이)

7. 도로 : 4미터 이상(원칙), 3미터 이상(차량통행불가능), 지정[동의, 동의 ×(오랫동안 통행로, 해외)], 폐지·변경(반드시 동의 필요)

8. 도로와 대지 접도의무 : ① 4미터 이상의 도로에 2미터 이상 접함(연면적합계 2천m² 이상은 6미터 이상에 4미터 이상 접함)
   ② 공장은 연면적합계 3천m² 이상은 6미터 이상에 4미터 이상 접함

9. 건축선은 미달 시 양쪽대지는 중심선기준(소요너비 2분의1), 한쪽대지는 경계선기준(소요너비)
   ※ 건축선 미달(건축면적 제외), 지정건축선(도시지역 4미터 이하, 건축면적 포함)

10. 높이 4.5미터 이하는 건축선의 수직면을 넘으면 안됨(지하 제외)

기출유형

ⓐ 녹지지역 면적이 200m² 이상인 대지에 건축하는 경우에는 조경조치 대상이 아니다.

ⓑ 숙박시설로서 해당 용도로 쓰는 바닥면적의 합계가 5천제곱미터인 건축물의 대지에는 공개 공지 또는 공개 공간을 설치하여야 한다.

ⓒ 이해관계인이 해외에 거주하여 동의를 받기 곤란한 경우에 허가권자는 건축위원회의 심의를 거쳐 이해관계인의 동의 없이 도로의 위치를 지정할 수 있다.

ⓓ 건축물의 지표의 위부분에서 건축선의 수직면을 넘어서는 아니되며, 도로면으로부터 높이 4.5미터 이하에 있는 창문은 열고 닫을 때 건축선의 수직면을 넘지 않는 구조로 하여야 한다.

ⓔ 연면적의 합계가 3천m² 이상인 공장인 경우 대지는 너비 6미터 이상의 도로에 4미터 이상 접하여야한다.

Thema 22 | 대지와 도로

1. 구조안전확인 : 2층 이상·연면적 200m² 이상, 목구조는 □층 이상·연면적□m² 이상, 높이 13미터 이상, 처마높이 9미터 이상, 기둥과 기둥사이 10미터 이상, 3미터 이상 돌출, 주택

2. 건축구조기술사협력 : 6층 이상(필로티 : 3층 이상), 특수구조, 다중, 준다중

3. 범죄예방기준(CCTV)은 주택 중 단독과 다중 빼고 모두적용, □□□□(범죄예방·경계벽·층간 제외)

4. 시설 : 난간 □미터 이상, 옥상 5층 이상(동·식물원, 전시장 제외), 직통계단(보행거리 30미터 이하) 헬리포트 11층 이상+바닥면적 합계 10000m² 이상, 승강기 6층 이상+연면적 2000m² 이상, 비상용승강기 31미터 초과, 차면시설 □미터 이내, 피난안전구역[초고층(30개층마다 1개소 이상), 준초고층(상하 5개층 이내 1개소 이상)]

5. 조경(면적 200m² 이상)은 ① 조경대상 제외[이미 나무존재, 공장, 물류시설(주거·상업지역 제외), 축사, 염분, 가설건축물] ② 옥상 조경면적 3분의 2 인정, 전체면적 100분의 50 초과 금지

6. 공개공지설치는 ① 일반주거, 준주거, 상업, 준공업지역 ② 5000m² 이상(농수산유통시설 제외) ③ 대지면적 100분의 10 이하 ④ 1.2배 이하 완화(용적률·높이)

7. 도로 : 4미터이상(원칙), 3미터 이상(차량통행불가능), 지정[동의, 동의 ×(오랫동안 통행로, 해외)], 폐지·변경(반드시 □□□ 필요)

8. 도로와 대지 접도의무 : ① 4미터 이상의 도로에 2미터 이상 접함(연면적합계 □천m² 이상은 □미터 이상에 □미터 이상 접함) ② 공장은 연면적합계 □천m² 이상은 6미터 이상에 4미터 이상 접함

9. 건축선은 미달 시 양쪽대지는 □□□□기준(소요너비 □□□□), 한쪽대지는 □□□□기준(□□□□) ※ 건축선 미달(건축면적 제외), 지정건축선(도시지역 4미터 이하, 건축면적 포함)

10. 높이 4.5미터 이하는 건축선의 수직면을 넘으면 안됨(□□□ 제외)

기출유형

ⓐ 녹지지역 면적이 200m² 이상인 대지에 건축하는 경우에는 조경조치 대상이 아니다.

ⓑ 숙박시설로서 해당 용도로 쓰는 바닥면적의 합계가 5천제곱미터인 건축물의 대지에는 공개 공지 또는 공개 공간을 설치하여야 한다.

ⓒ 이해관계인이 해외에 거주하여 동의를 받기 곤란한 경우에 허가권자는 건축위원회의 심의를 거쳐 이해관계인 의 동의 없이 도로의 위치를 지정할 수 있다.

ⓓ 건축물의 지표의 위부분에서 건축선의 수직면을 넘어서는 아니되며, 도로면으로부터 높이 4.5미터 이하에 있 는 창문은 열고 닫을 때 건축선의 수직면을 넘지 않는 구조로 하여야 한다.

ⓔ 연면적의 합계가 3천m² 이상인 공장인 경우 대지는 너비 6미터 이상의 도로에 4미터 이상 접하여야한다.

Thema 23 면적 & 특칙

1. ① 대지면적(건축선미달·도시·군계획시설포함 제외)

    ② 건축면적 : 중심선, 1미터 후퇴(한옥 2미터 후퇴, 사찰 4미터 후퇴, 축사 3미터 후퇴), 높이 1미터 이하

    ③ 바닥면적 : 중심선, 1미터 후퇴, 노대 1.5미터 뺀 면적, 필로티, ~탑, 다락(높이 1.5미터 이하, 경사 1.8미터 이하)

2. 피난, 아이, 노인, 장애인, 일상생활(지하주차장 경사로, 조경시설, 생활폐기물보관시설) 등을 위한 시설은 건축면적과 바닥면적에서 제외

3. 연면적 : 지하층 포함

    ※ 용적률 제외 : 지하층, 지상층주차장, 고층피난안전구역, 11층 이상 경사지붕대피공간

4. 층수 구분 못하면 4미터마다 하나의 층, 층수가 다르면 가장 많은 층수 기준, 지하층 제외

5. 일조권확보지역(전용주거지역, 일반주거지역), 채광확보 높이제한 적용 안됨(중심·일반상업지역, 2층 이하, 높이 8미터 이하)

6. 특별건축구역 : ① 지정 제외(접도구역, 개발제한, 보전산지, 자연공원)

    ② 적용배제(조경, 공지, 건폐율, 용적률, 높이)

    ③ 통합적용(공원, 미술, 주차장)

    ④ 해제(5년 이내 착공안함)

7. 건축협정(전원의 합의, 폐지는 과반수동의), 결합건축(전원합의·폐지)

8. 이행강제금(1년 2회)은 ① 이미 부과된 이행강제금은 징수하고 새로운 이행강제금은 부과 즉시중지,

    ② 무허가(100분의 100), 용적률 초과(100분의 90), 건폐율 초과(100분의 80), 무신고(100분의 70)−1제곱미터 당시가표준액의 100분의 50에 해당하는 금액기준

9. 건축분쟁전문위원회 : 국토교통부, 분쟁무관(행정청 : 허가권자, 신고수리권자, 지도원)

기출유형

ⓐ 태양열을 주된 에너지원으로 이용하는 주택의 건축면적은 건축물의 외벽 중 내측 내력벽의 중심선을 기준으로 한다.

ⓑ 공동주택으로서 지상층에 설치한 생활폐기물 보관함의 면적은 바닥면적에 산입하지 않는다.

ⓒ 연면적은 하나의 건축물 각 층의 바닥면적의 합계를 말하는 것으로서, 용적률을 산정할 때 층수가 50층 이상인 건축물에 설치하는 피난안전구역의 면적은 연면적에 산입하지 않는다.

ⓓ 건축법상 일조권의 확보를 위한 건축물의 높이를 제한하는 지역은 원칙적으로 전용주거지역, 일반주거지역이다.

ⓔ 일반상업지역에서 하나의 대지에 두 동 이상의 공동주택을 건축하는 경우에는 채광의 확보를 위하여 높이가 제한되지 않는다.

ⓕ 「자연공원법」에 따른 자연공원은 특별건축구역으로 지정될 수 없다.

ⓖ 협정체결자 또는 건축협정운영회의 대표자는 건축협정을 폐지하려는 경우 협정체결자 과반수의 동의를 받아 건축협정인가권자의 인가를 받아야 한다.

ⓗ 건축물이 용적률을 초과하여 건축된 경우에는 해당 건축물에 적용되는 1제곱미터 당 시가표준액의 100분의 50에 해당하는 금액에 100분의 90을 곱하는 비율로 이행강제금이 부과된다.

ⓘ 허가권자는 위반 건축물에 대한 시정명령을 받은 자가 이를 이행하면 이미 부과된 이행강제금의 징수를 즉시 중지하여야 한다.

ⓙ '건축허가권자'와 해당 건축물의 건축 등으로 피해를 입은 인근주민' 간의 분쟁은 건축분쟁전문위원회의 조정 및 재정의 대상이 되지 않는다.

Thema 23 면적 & 특칙

1. ① 대지면적(건축선미달·도시·군계획시설포함 제외)

   ② 건축면적 : 중심선, 1미터 후퇴(한옥 □미터 후퇴, 사찰 4미터 후퇴, 축사 3미터 후퇴), 높이 □미터 이하

   ③ 바닥면적 : 중심선, □미터 후퇴, 노대 1.5미터 뺀 면적, 필로티, ~탑, 다락(높이 1.5미터 이하, 경사 1.8미터 이하)

2. 피난, 아이, 노인, 장애인, 일상생활(지하주차장 경사로, 조경시설, 생활폐기물보관시설) 등을 위한 시설은 건축면적과 바닥면적에서 □□□

3. 연면적 : 지하층 포함

   ※ 용적률 □□□ : 지하층, 지상층주차장, 고층피난안전구역, 11층 이상 경사지붕대피공간

4. 층수 구분 못하면 4미터마다 하나의 층, 층수가 다르면 가장 □□ 층수 기준, 지하층 제외

5. 일조권확보지역(□용주거지역, □반주거지역), 채광확보 높이제한 적용 안됨(□심·□반상업지역, 2층 이하, 높이 8미터 이하)

6. 특별건축구역 : ① 지정 제외(접도구역, 개발제한, 보전산지, 자연공원)

   ② 적용배제(조경, 공지, 건폐율, 용적률, 높이)

   ③ 통합적용(공원, 미술, 주차장)

   ④ 해제(5년 이내 착공안함)

7. 건축협정(전원의 합의, 폐지는 □□□□동의), 결합건축(□□합의·폐지)

8. 이행강제금(1년 2회)은 ① 이미 부과된 이행강제금은 □□하고 새로운 이행강제금은 부과 즉시중지,

   ② 무허가(100분의 100), 용적률 초과(100분의 90), 건폐율 초과(100분의 80), 무신고(100분의 70)－1제곱미터 당시가표준액의 100분의 50에 해당하는 금액기준

9. 건축분쟁전문위원회 : 국토교통부, 분쟁무관(행정청 : 허가권자, 신고수리권자, 지도원)

📌 **기출유형**

ⓐ 태양열을 주된 에너지원으로 이용하는 주택의 건축면적은 건축물의 외벽 중 내측 내력벽의 중심선을 기준으로 한다.

ⓑ 공동주택으로서 지상층에 설치한 생활폐기물 보관함의 면적은 바닥면적에 산입하지 않는다.

ⓒ 연면적은 하나의 건축물 각 층의 바닥면적의 합계를 말하는 것으로서, 용적률을 산정할 때 층수가 50층 이상인 건축물에 설치하는 피난안전구역의 면적은 연면적에 산입하지 않는다.

ⓓ 건축법상 일조권의 확보를 위한 건축물의 높이를 제한하는 지역은 원칙적으로 전용주거지역, 일반주거지역이다.

ⓔ 일반상업지역에서 하나의 대지에 두 동 이상의 공동주택을 건축하는 경우에는 채광의 확보를 위하여 높이가 제한되지 않는다.

ⓕ 「자연공원법」에 따른 자연공원은 특별건축구역으로 지정될 수 없다.

ⓖ 협정체결자 또는 건축협정운영회의 대표자는 건축협정을 폐지하려는 경우 협정체결자 과반수의 동의를 받아 건축협정인가권자의 인가를 받아야 한다.

ⓗ 건축물이 용적률을 초과하여 건축된 경우에는 해당 건축물에 적용되는 1제곱미터 당 시가표준액의 100분의 50에 해당하는 금액에 100분의 90을 곱하는 비율로 이행강제금이 부과된다.

ⓘ 허가권자는 위반 건축물에 대한 시정명령을 받은 자가 이를 이행하면 이미 부과된 이행강제금의 징수를 즉시 중지하여야 한다.

ⓙ '건축허가권자'와' 해당 건축물의 건축 등으로 피해를 입은 인근주민' 간의 분쟁은 건축분쟁전문위원회의 조정 및 재정의 대상이 되지 않는다.

주택법

Thema 24 주택법 용어정의

1. 주택은 건축물의 전부 또는 일부 및 그 부속토지를 말한다.

2. 준주택 : 오피스텔, 기숙사, 다중생활시설. 노인복지주택

3. 국민주택은 국가자금＋85m^2 이하(주거전용면적 : 내부선)의 주택, 그 외(민영주택)

4. 세대구분형공동주택 : 구분소유할 수 없다.

   ① 승인 : 욕실·부엌·현관＋전체 3분의 1 이하＋전체 주거전용합계 3분의 1 이하＋경계벽 설치

   ② 허가 : 욕실·부엌·구분출입문＋기존포함 2세대 이하＋전체 10분의 1 이하＋동 3분의 1 이하＋안전기준 충족

5. 도시형생활주택 :

   ① 300세대 미만＋국민주택규모(85m^2 이하)

   ② 아파트형(준주거·상업지역 도시형생활주택 외 주택건축), 단지형 다세대·연립(5층까지)

   ③ ②＋85m^2 초과 1채

6. 부대는 필요한 것, 복리는 편리한 것, 기간은 연결이 필요한 것, 간선은 연결

7. 주택단지 구분 : 폭 8미터 이상 도시계획예정도로, 폭 20미터 이상 일반도로

8. 공구는 300세대 이상, 분할은 600세대 이상

기출유형

ⓐ "공동주택"에는 「건축법 시행령」에 따른 아파트, 연립주택, 다세대주택이 포함된다.

ⓑ 허가를 받은 세대구분형 공동주택은 주택단지 공동주택 동의 전체 세대수의 3분의 1을 넘지 않도록 하여야 한다.

ⓒ 준주거지역 또는 상업지역에서 아파트형 주택과 도시형생활주택 외의 주택을 하나의 건축물에 함께 건축할 수 있다.

ⓓ 폭 20미터인 일반도로로 분리된 토지는 각각 별개의 주택단지이다.

ⓔ 기간시설이란 도로·상하수도·전기시설·가스시설·통신시설·지역난방시설 등을 말한다.

주택법

Thema 24 ▶ 주택법 용어정의

1. 주택은 건축물의 전부 또는 일부 및 그 [   ]토지를 말한다.

2. 준주택 : [ ]피스텔, [ ]숙사, [ ]중생활시설. [ ]인복지[   ]

3. 국민주택은 국가자금+$85m^2$ 이하(주거전용면적 : [   ])의 주택, 그 외(민영주택)

4. [   ]공동주택 : 구분소유할 수 없다.

    ① 승인 : 욕실·부엌·현관+전체 3분의 1 이하+전체 주거전용합계 3분의 1 이하+경계벽 설치

    ② 허가 : 욕실·부엌·구분출입문+기존포함 2세대 이하+전체 10분의 1 이하+동 3분의 1 이하+안전
        기준 충족

5. [   ]주택 :

    ① 300세대 미만+국민주택규모($85m^2$ 이하)

    ② 아파트형(준주거·상업지역 도시형생활주택 외 주택건축), 단지형 다세대·연립(5층까지)

    ③ ②+$85m^2$ 초과 1채

6. 부대는 필요한 것, 복리는 편리한 것, 기간은 연결이 필요한 것, 간선은 [   ]

7. 주택단지 구분 : 폭 [ ]미터 이상 도시계획예정도로, 폭 [ ]미터 이상 일반도로

8. 공구는 [ ]세대 이상, 분할은 [ ]세대 이상

기출유형

ⓐ "공동주택"에는 「건축법 시행령」에 따른 아파트, 연립주택, 다세대주택이 포함된다.

ⓑ 허가를 받은 세대구분형 공동주택은 주택단지 공동주택 동의 전체 세대수의 3분의 1을 넘지 않도록 하여야
한다.

ⓒ 준주거지역 또는 상업지역에서 아파트형 주택과 도시형생활주택 외의 주택을 하나의 건축물에 함께 건축할
수 있다.

ⓓ 폭 20미터인 일반도로로 분리된 토지는 각각 별개의 주택단지이다.

ⓔ 기간시설이란 도로·상하수도·전기시설·가스시설·통신시설·지역난방시설 등을 말한다.

Thema 25 주택건설사업주체

1. 국토교통부장관에게 등록(연간 20호 이상·20세대 이상, 연간 10000m^2 이상 대지조성)-국·똘 제외
   ※ 도시형생활주택 : 30세대 이상
2. 자본금 3억 이상(개인 6억 이상), 기술자 1인 이상, 사무실
3. 6개층 이상 주택건설 : ① 6개층 이상 아파트 건설실적 ② 최근 3년간 300세대 이상 공동주택 건설실적
4. 결격사유 : 미·똘·파, 금고 이상 실형종료 2년·유예·등록말소 2년 지나지 않음
   ※ 미성년자, 피성년후견인·피한정후견인, 복권 안된 파산자
5. 거짓, 대여는 등록을 말소하여야 한다.
6. 고용자 필요적공동사업(시행하여야 한다), 토지소유자·주택조합 임의적공동사업(시행할 수 있다)
7. 리모델링주택조합은 세대수 증가 시 공동사업시행 가능

기출유형

ⓐ 주택건설사업을 목적으로 설립된 지방공사가 연간 20호 이상의 단독주택 건설사업을 시행하려는 경우 국토교통부장관에게 등록하지 않아도 된다.

ⓑ 주택건설공사를 시공할 수 있는 등록사업자가 최근 3년간 300세대 이상의 공동주택을 건설한 실적이 있는 경우에는 주택으로 쓰는 층수가 7개층인 주택을 건설할 수 있다.

ⓒ 등록이 말소된 후 2년이 지나지 아니한 자는 주택건설사업의 등록을 할 수 없다.

ⓓ 거짓이나 그 밖의 부정한 방법으로 등록, 등록증의 대여에 해당하는 경우에는 그 등록을 말소하여야 한다.

ⓔ 고용자가 그 근로자의 주택을 건설하는 경우에는 대통령령으로 정하는 바에 따라 등록사업자와 공동으로 사업을 시행하여야 한다.

Thema 25 주택건설사업주체

1. ☐☐☐☐☐☐☐☐에게 등록(연간 20호 이상·20세대 이상, 연간 10000m² 이상 대지조성)-국·폴 ☐

    ※ 도시형생활주택 : 30세대 이상

2. 자본금 3억 이상(개인 6억 이상), 기술자 1인 이상, 사무실

3. 6개층 이상 주택건설 : ① 6개층 이상 아파트 건설실적 ② 최근 3년간 300세대 이상 공동주택 건설실적

4. 결격사유 : 미·똘·파, 금고 이상 실형종료 ☐년·유예·등록말소 ☐년 지나지 않음

    ※ 미성년자, 피성년후견인·피한정후견인, 복권 안된 파산자

5. ☐☐, 대여는 등록을 말소하여야 한다.

6. 고용자 필요적공동사업(시행☐☐☐☐☐☐☐), 토지소유자·주택조합 임의적공동사업(시행할 수 있다)

7. 리모델링주택조합은 세대수 ☐☐ 시 공동사업시행 가능

📌 **기출유형**

ⓐ 주택건설사업을 목적으로 설립된 지방공사가 연간 20호 이상의 단독주택 건설사업을 시행하려는 경우 국토교통부장관에게 등록하지 않아도 된다.

ⓑ 주택건설공사를 시공할 수 있는 등록사업자가 최근 3년간 300세대 이상의 공동주택을 건설한 실적이 있는 경우에는 주택으로 쓰는 층수가 7개층인 주택을 건설할 수 있다.

ⓒ 등록이 말소된 후 2년이 지나지 아니한 자는 주택건설사업의 등록을 할 수 없다.

ⓓ 거짓이나 그 밖의 부정한 방법으로 등록, 등록증의 대여에 해당하는 경우에는 그 등록을 말소하여야 한다.

ⓔ 고용자가 그 근로자의 주택을 건설하는 경우에는 대통령령으로 정하는 바에 따라 등록사업자와 공동으로 사업을 시행하여야 한다.

Thema 26 주택조합

※ '지역주택조합 : 지역, 직장주택조합 : 직장, 리모델링주택조합 : 리모델링' 으로 표시

1. 주택조합은 지역·직장·[리모델링 : 집주인 모임(수인은 대표 1인)]으로 구분한다.

2. 지역·직장 : 인가(80% 이상 사용권원+15% 이상 소유권),

   리모델링 : 인가(전체 3분의 2 이상+동 과반수, 동만 3분의 2 이상 결의),

   리모델링 : 인가(전체 75% 이상+동 50% 이상, 동만 75% 이상 동의),

   직장 국민주택공급 : 신고

3. 자격 : 지역·직장공통(무주택자, 85m^2 이하 1채), 지역(6개월 이상 거주), 직장국민주택공급(무주택자 한함)

4. 지역·직장조합모집 : 발기인(1년 거주), 50% 이상 권원확보, 예정세대수 50% 이상 조합원확보(조합원 20명 이상), 최초신고(공개모집), 충원신고 없이(선착순)

5. 인가후 충원 : 사망·무자격자(충원) 탈퇴·변경(세대수 50% 미만시 충원)

6. 자격판단은 설립인가신청일, 변경인가는 사업계획승인신청일

7. 탈퇴·환급(제명포함)은 자유롭다.

8. 지역·직장승인신청(2년 이내), 리모델링허가신청(2년 이내)

9. 임원 : 결격사유는 조합원이 아닌 조합임원 결격사유, 겸직금지, 결격사유시 퇴직전행위 영향 없다.

10. 조합해산 : 인가받고 3년이 되는 날까지 사업계획승인 받지 못할 때

📌 기출유형

ⓐ 조합원의 공개모집 이후 조합원의 사망·자격상실·탈퇴 등으로 인한 결원을 충원하거나 미달된 조합원을 재모집 하는 경우에는 신고하지 아니하고 선착순의 방법으로 조합원을 모집할 수 있다.

ⓑ 주택을 마련하기 위하여 지역·직장주택조합의 설립인가를 받으려는 자는 토지의 소유권을 확보가 아닌 해당 주택건설대지의 80% 이상에 해당하는 토지의 사용권원 및 주택건설대지의 15% 이상의 소유권을 확보하여야 한다.

ⓒ 국민주택을 공급받기 위하여 직장주택조합을 설립하려는 자는 관할 시장·군수·구청장에게 신고하여야 한다.

ⓓ 조합원의 탈퇴로 조합원 수가 주택건설 예정세대수의 40퍼센트가 된 경우는 충원이 허용된다.

ⓔ 조합의 임원이 금고 이상의 실형을 받아 당연퇴직을 하면 그가 퇴직 전에 관여한 행위는 그 효력을 상실하지 않는다.

Thema 26 주택조합

※ '지역주택조합 : 지역, 직장주택조합 : 직장, 리모델링주택조합 : 리모델링'으로 표시

1. 주택조합은 지역·직장·[리모델링 : 집주인 모임(수인은 대표 1인)]으로 구분한다.

2. 지역·직장 : 인가(80% 이상 사용권원+□% 이상 소유권),

   리모델링 : 인가(전체 3분의 2 이상+동 과반수, 동만 3분의 2 이상 결의),

   리모델링 : 인가(전체 75% 이상+동 50% 이상, 동만 75% 이상 동의),

   직장 국민주택공급 : □

3. 자격 : 지역·직장공통(무주택자, □m² 이하 1채), 지역(6개월 이상 거주), 직장국민주택공급(무주택자 한함)

4. 지역·직장조합모집 : 발기인(1년 거주), 50% 이상 권원확보, 예정세대수 50% 이상 조합원확보(조합원 □명 이상), 최초신고(공개모집), 충원신고 없이(□)

5. 인가후 충원 : 사망·무자격자(충원) 탈퇴·변경(세대수 50% □시 충원)

6. 자격판단은 □, 변경인가는 사업계획승인신청일

7. 탈퇴·환급(제명포함)은 자유롭다.

8. 지역·직장승인신청(2년 이내), 리모델링허가신청(2년 이내)

9. 임원 : 결격사유는 조합원이 아닌 □ 결격사유, 겸직금지, 결격사유시 퇴직□행위 영향 없다.

10. 조합해산 : 인가받고 □년이 되는 날까지 사업계획승인 받지 못할 때

기출유형

ⓐ 조합원의 공개모집 이후 조합원의 사망·자격상실·탈퇴 등으로 인한 결원을 충원하거나 미달된 조합원을 재모집 하는 경우에는 신고하지 아니하고 선착순의 방법으로 조합원을 모집할 수 있다.

ⓑ 주택을 마련하기 위하여 지역·직장주택조합의 설립인가를 받으려는 자는 토지의 소유권을 확보가 아닌 해당 주택건설대지의 80% 이상에 해당하는 토지의 사용권원 및 주택건설대지의 15% 이상의 소유권을 확보하여야 한다.

ⓒ 국민주택을 공급받기 위하여 직장주택조합을 설립하려는 자는 관할 시장·군수·구청장에게 신고하여야 한다.

ⓓ 조합원의 탈퇴로 조합원 수가 주택건설 예정세대수의 40퍼센트가 된 경우는 충원이 허용된다.

ⓔ 조합의 임원이 금고 이상의 실형을 받아 당연퇴직을 하면 그가 퇴직 전에 관여한 행위는 그 효력을 상실하지 않는다.

Thema 27 주택상환사채

1. 발행권자 : 한국토지주택공사 · 등록사업자(보증필요)
2. 발행기준 : 법인(5억 이상), 건설업등록, 최근 3년간 연평균 300호 이상
3. 국토교통부장관 승인
4. 발행방법 : 기명증권(명의변경시 원부에 성명 · 주소기재 - 단 채권에는 성명만 기재)
5. 상환기간은 3년 초과 금지(사채발행일부터 주택공급체결일까지)
6. 중도해약가능(전원 국 · 내외 이주, 해외 2년 이상 체류)
7. 등록말소시 효력 영향 없다.
8. 납입금사용 : 택지구입, 건설자재구입, 건설공사비
   ※ 조합과 관련된 비용에는 사용하지 않는다.

기출유형

ⓐ 한국토지주택공사가 주택상환사채를 발행하려면 금융기관 또는 주택도시보증공사의 보증을 받을 필요는 없다.

ⓑ 법인으로서 자본금이 5억원인 등록사업자는 주택상환사채를 발행할 수 있다.

ⓒ 등록사업자의 등록이 말소된 경우에도 등록사업자가 발행한 주택상환사채의 효력에는 영향을 미치지 아니한다.

ⓓ 주택조합 가입 청약철회자의 가입비 반환은 주택상환사채의 납입금이 사용될 수 없다.

Thema 27 　주택상환사채

1. 발행권자 : 한국토지주택공사·등록사업자(　　　필요)

2. 발행기준 : 법인(　억 이상), 건설업등록, 최근 3년간 연평균 300호 이상

3. 　　　　　장관 승인

4. 발행방법 : 　　　증권(명의변경시 원부에 성명·주소기재−단 채권에는 　　　만 기재)

5. 상환기간은 3년 초과 금지(사채발행일부터 주택공급체결일까지)

6. 중도해약가능(전원 국·내외 이주, 해외 　년 이상 체류)

7. 등록말소시 효력 영향 없다.

8. 납입금사용 : 택지구입, 건설자재구입, 건설공사비

　　※ 　　　과 관련된 비용에는 사용하지 않는다.

✎ 기출유형

ⓐ 한국토지주택공사가 주택상환사채를 발행하려면 금융기관 또는 주택도시보증공사의 보증을 받을 필요는 없다.

ⓑ 법인으로서 자본금이 5억원인 등록사업자는 주택상환사채를 발행할 수 있다.

ⓒ 등록사업자의 등록이 말소된 경우에도 등록사업자가 발행한 주택상환사채의 효력에는 영향을 미치지 아니한다.

ⓓ 주택조합 가입 청약철회자의 가입비 반환은 주택상환사채의 납입금이 사용될 수 없다.

Thema 28 주택건설절차

1. 승인 : ① 원칙 : 30호 이상·30세대 이상, 10000m² 이상 ② 예외 : 한옥(50호 이상)

2. 승인권자 : ① 10만m² 이상(시·도, 대도시 시장), ② 10만m² 미만(시·군수),

   ③ 국토교통부장관(국·똘 시행, 국·장지정·고시)

3. 승인효과 : ① 최초(5년), 최초 외(2년)

   ② 최초(5년) : 연장, 취소(할 수 있다) ③ 승인결정(60일 이내)

   ※ 연장사유 : 발굴허가, 조건지연, 불가항력, 소유권분쟁(소송절차 진행중인 경우만)

4. 대지소유권확보(80% 이상 권원 – 단, 주택조합 95% 이상)

5. 매도청구(시가, 3개월 이상 협의) : 5% 이상(10년 이후 자)·5% 미만(전원), 리모델링조합(비찬성자)

6. 환매(매수·임차일 2년 이내), 주택법상 취소는 할 수 있다.(원칙)

7. 간선시설 : 설치자의무(100호 이상·100세대 이상, 16500m² 이상), 사용검사일까지, 50% 이내 국가보조

8. 사용검사(사업주체 → 보증자 → 입주예정자대표회의) : 사용검사권자(시·군·구청장, 국토교통부장관),

   공구별·동별까지, 사용검사기간(신청일부터 15일)

   ※ 임시사용승인 – 대지조성(구획별), 주택건설(동별), 공동주택(세대별)

9. 사용검사 후 매도청구 : 4분의 3 이상 동의(비동의자 영향미침), 2년 이내 송달, 구상권(사업주체)

📌 기출유형

ⓐ 한국토지주택공사가 서울특별시 A구에서 대지 면적 10만 제곱미터에 50호의 한옥 건설사업을 시행하려는 경우 국토교통부장관으로부터 사업계획승인을 받아야 한다.

ⓑ 사업계획승인권자는 사업계획승인의 신청을 받았을 때에는 정당한 사유가 없으면 신청받은 날부터 60일 이내에 사업주체에게 승인여부를 통보하여야 한다.

ⓒ 해당 사업시행지에 대한 소유권 분쟁을 사업주체가 소송의 방법으로 해결하는 과정에서 공사 착수가 지연되는 경우에는 그 사유가 없어진 날로부터 1년의 범위에서 공사의 착수기간을 연장할 수 있다.

ⓓ 주택건설대지면적 중 100분의 95 이상에 대해 사용권원을 확보한 경우에는 사용권원을 확보하지 못한 대지의 모든 소유자에게 매도청구할 수 있다.

ⓔ 사업주체가 리모델링주택조합인 경우 리모델링 결의에 찬성하지 아니하는 자의 주택에 대하여는 매도청구 할 수 있다.

ⓕ 공동주택이 동별로 공사가 완료되고 임시사용승인신청이 있는 경우 대상주택이 사업계획의 내용에 적합하고 사용에 지장이 없는 때에는 세대별로 임시사용승인을 할 수 있다.

ⓖ 사용검사 후 매도청구의 의사표시는 실소유자가 해당 토지 소유권을 회복한 날부터 2년 이내에 해당 실소유자에게 송달되어야 한다.

Thema 28 　주택건설절차

1. 승인 : ① 원칙 : ☐호 이상·☐세대 이상, ☐☐☐m² 이상 ② 예외 : 한옥(☐호 이상)

2. 승인권자 : ① 10만m² 이상(시·도, 대도시 시장), ② 10만m² 미만(시·군수),

   ③ ☐☐☐☐☐☐☐장관(국·똘 시행, 국·장지정·고시)

3. 승인효과 : ① 최초(5년), 최초 외(2년)

   ② 최초(5년) : 연장, 취소(할 수 있다) ③ 승인결정(60일 이내)

   ※ 연장사유 : 발굴허가, 조건지연, 불가항력, 소유권분쟁(소송절차 ☐☐☐중인 경우만)

4. 대지소유권확보(80% 이상 권원 – 단, 주택조합 95% 이상)

5. 매도청구(시가, 3개월 이상 협의) : 5% 이상(10년 이후 자)·5% 미만(☐☐), 리모델링조합(비찬성자)

6. 환매(매수·임차일 2년 이내), 주택법상 취소는 할 수 있다.(원칙)

7. 간선시설 : 설치자의무(☐호 이상·☐세대 이상, ☐☐☐m² 이상), 사용검사일까지, 50% 이내 국가보조

8. 사용검사(사업주체 → 보증자 → ☐☐☐☐☐☐☐☐☐) : 사용검사권자(시·군·구청장, 국토교통부장관),

   공구별·동별까지, 사용검사기간(신청일부터 15일)

   ※ 임시사용승인 – 대지조성(구획별), 주택건설(동별), 공동주택(☐☐☐)

9. 사용검사 후 매도청구 : ☐☐☐☐ 이상 동의(비동의자 영향☐☐), 2년 이내 송달, 구상권(사업주체)

기출유형

ⓐ 한국토지주택공사가 서울특별시 A구에서 대지 면적 10만 제곱미터에 50호의 한옥 건설사업을 시행하려는 경우 국토교통부장관으로부터 사업계획승인을 받아야 한다.

ⓑ 사업계획승인권자는 사업계획승인의 신청을 받았을 때에는 정당한 사유가 없으면 신청받은 날부터 60일 이내에 사업주체에게 승인여부를 통보하여야 한다.

ⓒ 해당 사업시행지에 대한 소유권 분쟁을 사업주체가 소송의 방법으로 해결하는 과정에서 공사 착수가 지연되는 경우에는 그 사유가 없어진 날로부터 1년의 범위에서 공사의 착수기간을 연장할 수 있다.

ⓓ 주택건설대지면적 중 100분의 95 이상에 대해 사용권원을 확보한 경우에는 사용권원을 확보하지 못한 대지의 모든 소유자에게 매도청구할 수 있다.

ⓔ 사업주체가 리모델링주택조합인 경우 리모델링 결의에 찬성하지 아니하는 자의 주택에 대하여는 매도청구 할 수 있다.

ⓕ 공동주택이 동별로 공사가 완료되고 임시사용승인신청이 있는 경우 대상주택이 사업계획의 내용에 적합하고 사용에 지장이 없는 때에는 세대별로 임시사용승인을 할 수 있다.

ⓖ 사용검사 후 매도청구의 의사표시는 실소유자가 해당 토지 소유권을 회복한 날부터 2년 이내에 해당 실소유자에게 송달되어야 한다.

Thema 29 주택공급

1. 입주자모집 : 승인(국·똘 제외), 신고(복리시설)

2. 마감재목록표는 국·똘도 제출, 2년 이상 보관, 마감재 같은 질 이상, 예정자에게 통지

3. 분양가상한제 제외 : 도시형생활주택, 공공재개발, 관광특구 50층 이상·높이 150미터 이상

4. 분양가상한제, 조정대상지역 : 국토교통부장관지정 / 투기과열지구 : 시·도지사, 국토교통부장관

5. 분양가상한제, 투기과열지구, 조정대상지역 해제요청 : 시·군·구청장 가능

6. 저당권설정제한, 전매제한은 부기등기 필요

7. 공급질서교란금지 : 상속·저당 제외, 지위무효·계약취소(필요적)

8. 저당권 등 설정제한 : 입주자모집공고승인신청(동시부기) ~ 소유권이전등기 이후 60일까지

   ※ 소유권보존등기＋동시부기

9. 투기과열지구와 조정대상지역 재검토(국토교통부장관)는 반기마다

10. 전매제한특례 : 수도권 안에서 이전 제외, 전원이주·이전, 해외체류 2년 이상, 이혼 이전, 일부배우자 증여)

기출유형

ⓐ 한국토지주택공사가 사업주체로서 견본주택을 건설하는 경우에는 견본주택에 사용되는 마감자재 목록표와 견본주택의 각 실의 내부를 촬영한 영상물 등을 제작하여 시장·군수·구청장에게 제출하여야 한다.

ⓑ 관광진흥법에 따라 지정된 관광특구에서 건설·공급하는 층수가 50층이고 높이가 140미터인 아파트는 분양가상한제의 적용대상이 아니다.

ⓒ 사업주체가 공공택지에서 공급하는 주택에 대하여 입주자모집 승인을 받은 경우에는 분양가상한제 적용주택이라도 입주자 모집공고에 분양가격을 공시할 필요가 있다.

ⓓ 주택을 공급받을 수 있는 증서로서 시장·군수·구청장이 발행한 무허가건물 확인서의 증여는 공급질서교란행위에 해당한다.

ⓔ 투기과열지구로 지정된 지역의 시장, 군수 또는 구청장은 지정 후 해당 지역의 주택가격이 안정되는 등 지정사유가 없어졌다고 인정되는 경우에는 국토교통부장관에게 투기과열지구 지정의 해제를 요청 할 수 있다.

ⓕ 국토교통부장관은 주택의 분양·매매 등 거래가 위축될 우려가 있는 지역을 주거정책심의위원회의 심의를 거쳐 조정대상지역으로 지정할 수 있다.

ⓖ 세대주의 근무상 사정으로 인하여 세대원 전부가 수도권 안에서 이전하는 경우에는 전매가 허용되지 않는다.

Thema 29 주택공급

1. 입주자모집 : 승인(국·똘 [　　]), 신고(복리시설)
2. 마감재목록표는 국·똘도 제출, [　]년 이상 보관, 마감재 같은 질 [　　], 예정자에게 통지
3. 분양가상한제 [　　] : 도시형생활주택, 공공재개발, 관광특구 50층 이상·높이 150미터 이상
4. 분양가상한제, 조정대상지역 : [　　　　　　　　]지정 / 투기과열지구 : 시·도지사, 국토교통부장관
5. 분양가상한제, 투기과열지구, 조정대상지역 해제요청 : [　　　　　　　] 가능
6. 저당권설정제한, 전매제한은 [　　]등기 필요
7. 공급질서교란금지 : 상속·[　　] 제외, 지위무효·계약취소(필요적)
8. 저당권 등 설정제한 : 입주자모집공고승인신청(동시부기) ~ 소유권이전등기 이후 60일까지
   ※ 소유권보존등기＋동시부기
9. 투기과열지구와 조정대상지역 재검토(국토교통부장관)는 [　　]마다
10. 전매제한특례 : 수도권 안에서 이전 제외, 전원이주·이전, 해외체류 2년 이상, 이혼 이전, [　　]배우자 증여)

기출유형

ⓐ 한국토지주택공사가 사업주체로서 견본주택을 건설하는 경우에는 견본주택에 사용되는 마감자재 목록표와 견본주택의 각 실의 내부를 촬영한 영상물 등을 제작하여 시장·군수·구청장에게 제출하여야 한다.

ⓑ 관광진흥법에 따라 지정된 관광특구에서 건설·공급하는 층수가 50층이고 높이가 140미터인 아파트는 분양가상한제의 적용대상이 아니다.

ⓒ 사업주체가 공공택지에서 공급하는 주택에 대하여 입주자모집 승인을 받은 경우에는 분양가상한제 적용주택이라도 입주자 모집공고에 분양가격을 공시할 필요가 있다.

ⓓ 주택을 공급받을 수 있는 증서로서 시장·군수·구청장이 발행한 무허가건물 확인서의 증여는 공급질서교란 행위에 해당한다.

ⓔ 투기과열지구로 지정된 지역의 시장, 군수 또는 구청장은 지정 후 해당 지역의 주택가격이 안정되는 등 지정 사유가 없어졌다고 인정되는 경우에는 국토교통부장관에게 투기과열지구 지정의 해제를 요청 할 수 있다.

ⓕ 국토교통부장관은 주택의 분양·매매 등 거래가 위축될 우려가 있는 지역을 주거정책심의위원회의 심의를 거쳐 조정대상지역으로 지정할 수 있다.

ⓖ 세대주의 근무상 사정으로 인하여 세대원 전부가 수도권 안에서 이전하는 경우에는 전매가 허용되지 않는다.

농지법

Thema 30 | 농지법 총칙 & 소유 & 이용

1. 농지 제외 : 전 · 답 · 과수원이 아닌 이용 3년 미만, 임야, 초지, 조경목적

2. 농민 : $1000m^2$ 이상 경작, 1년 90일 이상 농업종사, $330m^2$ 이상(비닐), 대가축 2두 이상, 중가축 10두 이상, 소가축 100두 이상, 가금 1000수 이상, 꿀벌 10군 이상, 1년 축산업 · 연간판매액 : 120 이상

3. 농업법인(3분의 1 이상), 자경(2분의 1 이상), 농지법 외 특례없다.

4. 소유상한 : 상속 · 8년 이상 이농($10000m^2$ 이내) - 임대 · 무상사용 : 초과가능
주말체험 $1000m^2$ 미만(세대원 전원기준) - 농업진흥지역 외

5. 농민자격발급(시 · 구 · 읍 · 면장) - 계획서(7일), 계획서 면제(4일), 농지위원회심의(14일)
    ※ 계획서 면제 · 발급(학교등, 전용), 발급 제외(어농, 전용협의)
    ※ 어농 : 국가등소유, 상속, 담보농지, 시효완성, 토지수용, 합병, 분할, 전용협의

6. 농지처분 : 1년 이내(초과부분 한함 - 농업회사 요건안맞음 3개월 지남, 2년 목적사업 착수안함),
매수자(한국농어촌공사), 매수가격(공시지가 원칙, 실제가격 낮으면 실제가격)
    ※ 6개월(처분명령 - 시 · 군 · 구청장) : 거짓, 처분기간 지남, 법인위반

7. 이행강제금 : 감정가격 또는 개별공시지가 중 더 높은 금액 100분의 25, 1년 1회

8. 위탁경영(국외여행 · 부상 3개월 이상, 노동력 부족 일부위탁, 법인청산)

9. 대리경작 : 시 · 군 · 구청장, 기간은 자유(단, 따로 정하지 않으면 3년), 사전고지, 이의신청(10일), 결과 통지(7일), 수확량 10% · 2개월 내 지급, 공탁가능

10. 임대차 : 3년 이상(기간 정하지 않음 · 3년 미만 정함 : 3년), 다년 · 비닐(5년 이상),
    징집 · 취학 · 선거 등(3년 미만).
    종료명령(시 · 군 · 구청장), 등기 안된 경우 확인(시 · 구 · 읍 · 면장)받아 다음날 효력발생,
    주말체험영농목적 임대업자에게도 가능

기출유형

ⓐ 조경목적으로 식재한 토지는 농지에 해당하지 않는다.

ⓑ 8년 이상 농업경영을 한 후 이농한 자는 이농 당시 소유 농지 중에서 총 $10000m^2$까지만 소유할 수 있다.

ⓒ 군수는 처분명령을 받은 후 정당한 사유 없이 지정기간까지 그 처분명령을 이행하지 아니한 자에게 해당 농지의 감정가격 또는 개별공시지가 중 더 높은 가액의 100분의 25에 해당하는 이행강제금을 부과한다.

ⓓ 임대차계약은 그 등기가 없는 경우에도 임차인이 농지소재지를 관할하는 시 · 구 · 읍 · 면의 장의 확인을 받고, 해당 농지를 인도받은 경우에는 그 다음 날부터 제3자에 대하여 효력이 생긴다.

ⓔ 농지의 임차인이 농작물의 재배시설로서 비닐하우스를 설치한 농지의 임대차기간은 5년 이상으로 하여야 한다.

농지법

Thema 30 농지법 총칙 & 소유 & 이용

1. 농지 제외 : 전 · 답 · 과수원이 아닌 이용 ☐년 미만, ☐야, ☐지, ☐☐목적

2. 농민 : 1000m² 이상 경작, 1년 90일 이상 농업종사, 330m² 이상(비닐), 대가축 2두 이상, 중가축 10두 이상, 소가축 100두 이상, 가금 1000수 이상, 꿀벌 ☐군 이상, 1년 축산업 · 연간판매액 : ☐ 이상

3. 농업법인(☐☐☐ 이상), 자경(2분의 1 이상), 농지법 외 특례없다.

4. 소유상한 : 상속 · 8년 이상 이농(☐☐m² 이내) – 임대 · 무상사용 : 초과가능
   주말체험 1000m² ☐(세대원 전원기준) – 농업진흥지역 외

5. 농민자격발급(시 · 구 · 읍 · 면장) – 계획서(7일), 계획서 면제(4일), 농지위원회심의(14일)
   ※ 계획서 면제 · 발급(학교등, 전용), 발급 제외(어농, 전용협의)
   ※ 어농 : 국가등소유, 상속, 담보농지, 시효완성, 토지수용, 합병, 분할, 전용협의

6. 농지처분 : 1년 이내(초과부분 한함 – 농업회사 요건안맞음 3개월 지남, 2년 목적사업 착수안함),
   매수자(한국농어촌공사), 매수가격(공시지가 원칙, 실제가격 낮으면 실제가격)
   ※ 6개월(처분명령 – 시 · 군 · 구청장) : 거짓, 처분기간 지남, 법인위반

7. 이행강제금 : 감정가격 또는 개별공시지가 중 더 높은 금액 100분의 ☐, 1년 1회

8. 위탁경영(국외여행 · 부상 3개월 이상, 노동력 부족 ☐☐위탁, 법인청산)

9. 대리경작 : ☐☐☐☐☐☐☐☐, 기간은 자유(단, 따로 정하지 않으면 3년), 사전고지, 이의신청(10일), 결과통지(7일), 수확량 ☐% · 2개월 내 지급, 공탁가능

10. 임대차 : 3년 이상(기간 정하지 않음 · 3년 미만 정함 : 3년), 다년 · 비닐(5년 이상),
    징집 · 취학 · 선거 등(3년 미만).
    종료명령(시 · 군 · 구청장), 등기 안된 경우 확인(시 · 구 · 읍 · 면장)받아 ☐☐☐ 효력발생,
    주말체험영농목적 임대업자에게도 가능

🖊 **기출유형**

ⓐ 조경목적으로 식재한 토지는 농지에 해당하지 않는다.

ⓑ 8년 이상 농업경영을 한 후 이농한 자는 이농 당시 소유 농지 중에서 총 10000m²까지만 소유할 수 있다.

ⓒ 군수는 처분명령을 받은 후 정당한 사유 없이 지정기간까지 그 처분명령을 이행하지 아니한 자에게 해당 농지의 감정가격 또는 개별공시지가 중 더 높은 가액의 100분의 25에 해당하는 이행강제금을 부과한다.

ⓓ 임대차계약은 그 등기가 없는 경우에도 임차인이 농지소재지를 관할하는 시 · 구 · 읍 · 면의 장의 확인을 받고, 해당 농지를 인도받은 경우에는 그 다음 날부터 제3자에 대하여 효력이 생긴다.

ⓔ 농지의 임차인이 농작물의 재배시설로서 비닐하우스를 설치한 농지의 임대차기간은 5년 이상으로 하여야 한다.

Thema 31　농지법 보전 & 보칙

1. 농업진흥지역 지정 : 시·도지사 지정, 녹지(특별시 녹지 제외)·관리·농림·자연환경보전지역, 농림축산식품부장관 승인

2. 농업진흥구역(집단화), 농업보호구역(농업진흥구역 용수원보호)

　　※ 보호행위제한(~미만) : 태양 1만m^2, 관광 2만m^2, 주말 3천m^2

3. 전용허가(농림축산식품부장관), 전용신고(시·군·구청장), 전용협의(농림축산식품부장관)

　　※ 농지전용위임(시·도지사) : 안(3천m^2 이상−3만m^2 미만), 밖(3만m^2 이상−30만m^2 미만)

　　※ 농지전용위임(시·군·구청장) : 안(3만m^2 미만), 밖(30만m^2 미만)

4. 전용허가 필요적취소(명령위반)

5. 타용도일시사용 허가·신고(시·군·구청장)

6. 농지보전부담금−전용만 납부, 가산금(100분의 3, 농림축산식품부장관부과)

7. 농지위원회 : 시·구·읍·면, 위원장 포함 10~20, 위원장호선

8. 농지대장 : 모든농지필지별, 10년(보존), 60일(변경신청), 열람(공무원참여), 시·구·읍·면장(작성)

9. 행정청

　　① 시·구·읍·면장 : 농지취득자격증명, 등기가 없는 경우 임대차확인, 농지위원회, 농지대장

　　② 시·군·구청장 : 농지처분명령, 이행강제금, 임대차종료명령, 대리경작지정, 농지전용신고, 일시사용허가·신고

　　③ 시·도지사 : 농업진흥지역지정

　　④ 농림축산식품부장관 : 농업진흥지역 지정승인, 농지전용허가, 농지전용협의, 독촉장·가산금

✎ 기출유형

ⓐ 농업진흥구역의 용수원 확보, 수질보전 등 농업 환경을 보호하기 위하여 필요한 지역을 농업보호구역으로 지정할 수 있다.

ⓑ 농지를 농업인 주택의 부지로 전용하려는 경우에는 시·군·구청장에게 농지전용신고를 하여야 한다.

ⓒ 농지전용허가를 받은 자가 관계 공사의 중지명령을 위반한 경우에는 허가를 취소하여야 한다.

ⓓ 농림축산식품부장관은 농지보전부담금을 내야하는 자가 납부기간까지 부담금을 내지 아니하면 체납된 부담금의 100분의 3에 해당하는 가산금을 부과하여야 한다.

ⓔ 시·구·읍·면의 장은 관할구역 안에 있는 농지가 농지전용허가로 농지에 해당하지 않게 된 경우에는 그 농지대장을 따로 편철하여 10년간 보존해야 한다.

Thema 31 농지법 보전 & 보칙

1. 농업진흥지역 지정 : [ ] 지정, 녹지([ ] 녹지 제외)·관리·농림·자연환경보전지역, 농림축산식품부장관 승인

2. 농업진흥구역(집단화), 농업보호구역(농업[ ]구역 용수원보호)

    ※ 보호행위제한(~미만) : 태양 1만m^2, 관광 2만m^2, 주말 3천m^2

3. 전용허가([ ]), 전용신고(시·군·구청장), 전용협의(농림축산식품부장관)

    ※ 농지전용위임(시·도지사) : 안(3천m^2 이상−3만m^2 미만), 밖(3만m^2 이상−30만m^2 미만)

    ※ 농지전용위임(시·군·구청장) : 안(3만m^2 미만), 밖(30만m^2 미만)

4. 전용허가 필요적취소([ ])

5. 타용도일시사용 허가·신고(시·군·구청장)

6. 농지보전부담금−전용만 납부, 가산금(100분의 [ ], 농림축산식품부장관부과)

7. 농지위원회 : 시·구·읍·면, 위원장 포함 10~20, 위원장호선

8. [ ] : 모든농지필지별, [ ]년(보존), 60일(변경신청), 열람(공무원참여), 시·구·읍·면장(작성)

9. 행정청

    ① 시·구·읍·면장 : 농지취득자격증명, 등기가 없는 경우 임대차확인, 농지위원회, 농지대장

    ② 시·군·구청장 : 농지처분명령, 이행강제금, 임대차종료명령, 대리경작지정, 농지전용신고, 일시사용허가·신고

    ③ 시·도지사 : 농업진흥지역지정

    ④ 농림축산식품부장관 : 농업진흥지역 지정승인, 농지전용허가, 농지전용협의, 독촉장·가산금

기출유형

ⓐ 농업진흥구역의 용수원 확보, 수질보전 등 농업 환경을 보호하기 위하여 필요한 지역을 농업보호구역으로 지정할 수 있다.

ⓑ 농지를 농업인 주택의 부지로 전용하려는 경우에는 시·군·구청장에게 농지전용신고를 하여야 한다.

ⓒ 농지전용허가를 받은 자가 관계 공사의 중지명령을 위반한 경우에는 허가를 취소하여야 한다.

ⓓ 농림축산식품부장관은 농지보전부담금을 내야하는 자가 납부기간까지 부담금을 내지 아니하면 체납된 부담금의 100분의 3에 해당하는 가산금을 부과하여야 한다.

ⓔ 시·구·읍·면의 장은 관할구역 안에 있는 농지가 농지전용허가로 농지에 해당하지 않게 된 경우에는 그 농지대장을 따로 편철하여 10년간 보존해야 한다.

도시개발법

Thema 32 도시개발구역 지정

1. 주거·상업·공업·생산녹지지역의 면적합계 100분의 30 이하.

   국토교통부장관 지정(자연환경보전지역 제외) : 도시개발구역 지정 후 계획수립

2. 동의자 수 : 국·공유지 포함, 수인(1인 대표), 집합(각각 소유자), 기존 토지소유자 동의서 기준

3. 지정권자 : 특·광·특자시·특자도·도·대도시 시장(원칙),

   국토교통부장관(예외 : 중앙요청, 공공기관·정부출연기관의 장 30만m^2 이상 제안, 천재지변)

   ※ 지방공사는 제안권자 중 공공기관(~공사)에 해당하지 않는다.

4. 지정제안 : 국가·지방자치단체·조합 제외

5. 도시개발구역 지정규모 : ① 도시지역 중 공업 : 30000m^2 이상

   ② 나머지(보전녹지 ×) : 10000m^2 이상(분할포함)

6. 공람기간 후 공청회(100만m^2 이상), 국토교통부장관과 협의(50만m^2 이상)

7. 개발행위 허가 시 죽목벌채 및 식재 포함(건,물,토,토,토,죽), 관상용 죽목 임시식재는 허가대상 아님

   ※ 기득권보호 : 30일 이내 신고

8. 지정해제(다음날) - 개발계획 2년, 실시계획 3년, 그 외(330만m^2 이상) 5년

9. 전부환지 : ① 토지소유자나 조합(토지수용)

   ② 지방자치단체·~공사(국·공유지 제외 면적 2분의 1+소유자 2분의 1 동의)

10. 시행자변경 : 1년 이내 인가신청 아니한 경우, 2년 이내 사업착수 아니한 경우, 취소, 파산

    ※ 한국부동산원은 시행자가 아니다.

기출유형

ⓐ 도시개발구역에 포함되는 주거지역이 전체 도시개발구역 지정 면적의 100분의 30인 지역을 도시개발구역으로 지정할 때에는 도시개발구역을 지정한 후에 개발계획을 수립할 수 있는 경우에 해당한다.

ⓑ 「집합건물의 소유 및 관리에 관한 법률」에 따른 구분소유자는 각각을 토지소유자 1명으로 본다.

ⓒ 개발계획의 변경을 요청받은 후부터 개발계획이 변경되기 전까지의 사이에 토지소유자가 변경된 경우 기존 토지소유자의 동의서를 기준으로 한다.

ⓓ 한국토지주택공사의 장이 30만 제곱미터 규모로 국가계획과 밀접한 관련이 있는 도시개발구역의 지정을 제안하는 경우에는 국토교통부장관이 도시개발구역을 지정할 수 있다.

ⓔ 관상용 죽목(竹木)의 임시식재는 개발행위허가 대상에 해당하지 않는다.

ⓕ 도시개발구역이 지정·고시된 날부터 2년이 되는 날까지 개발계획을 수립·고시하지 아니하는 경우에는 그 2년이 되는 다음 날에 해제된 것으로 본다.

ⓖ 「한국부동산원법」에 따른 한국부동산원은 도시개발사업 시행자로 지정될 수 없다.

ⓗ 도시개발구역의 전부를 환지 방식으로 시행하는 시행자가 도시개발구역 지정의 고시일로부터 1년 이내에 실시계획 인가를 신청하지 아니한 경우에는 시행자를 변경할 수 있다.

도시개발법

Thema 32   도시개발구역 지정

1. □거 · □업 · □업 · □□□□□□지역의 면적합계 100분의 □ 이하.
   국토교통부장관 지정(자연환경보전지역 제외) : 도시개발구역 지정 후 계획수립

2. 동의자 수 : 국 · 공유지 □□, 수인(1인 대표), 집합(□□ 소유자), 기존 토지소유자 동의서 기준

3. 지정권자 : 특 · 광 · 특자시 · 특자도 · 도 · 대도시 시장(원칙),
   국토교통부장관(예외 : 중앙요청, 공공기관 · 정부출연기관의 장 30만m^2 이상 제안, 천재지변)
   ※ □□공사는 제안권자 중 공공기관(~공사)에 해당하지 않는다.

4. 지정제안 : 국가 · 지방자치단체 · 조합 □□

5. 도시개발구역 지정규모 : ① 도시지역 중 공업 : □0000m^2 이상
   ② 나머지(보전녹지 ×) : 10000m^2 이상(분할포함)

6. 공람기간 후 공청회(□만m^2 이상), 국토교통부장관과 협의(□만m^2 이상)

7. 개발행위 허가 시 죽목벌채 및 식재 포함(건,물,토,토,토,죽), 관상용 죽목 임시식재는 허가대상 아님
   ※ 기득권보호 : 30일 이내 □□

8. 지정해제(다음날) - 개발계획 □년, 실시계획 □년, 그 외(330만m^2 이상) □년

9. 전부환지 : ① 토지소유자나 조합(토지수용)
   ② 지방자치단체 · ~공사(국 · 공유지 제외 면적 2분의 1+소유자 2분의 1 동의)

10. 시행자변경 : □년 이내 인가신청 아니한 경우, □년 이내 사업착수 아니한 경우, 취소, 파산
    ※ □□□□□□□□은 시행자가 아니다.

기출유형

ⓐ 도시개발구역에 포함되는 주거지역이 전체 도시개발구역 지정 면적의 100분의 30인 지역을 도시개발구역으로 지정할 때에는 도시개발구역을 지정한 후에 개발계획을 수립할 수 있는 경우에 해당한다.

ⓑ 「집합건물의 소유 및 관리에 관한 법률」에 따른 구분소유자는 각각을 토지소유자 1명으로 본다.

ⓒ 개발계획의 변경을 요청받은 후부터 개발계획이 변경되기 전까지의 사이에 토지소유자가 변경된 경우 기존 토지소유자의 동의서를 기준으로 한다.

ⓓ 한국토지주택공사의 장이 30만 제곱미터 규모로 국가계획과 밀접한 관련이 있는 도시개발구역의 지정을 제안하는 경우에는 국토교통부장관이 도시개발구역을 지정할 수 있다.

ⓔ 관상용 죽목(竹木)의 임시식재는 개발행위허가 대상에 해당하지 않는다.

ⓕ 도시개발구역이 지정 · 고시된 날부터 2년이 되는 날까지 개발계획을 수립 · 고시하지 아니하는 경우에는 그 2년이 되는 다음 날에 해제된 것으로 본다.

ⓖ 「한국부동산원법」에 따른 한국부동산원은 도시개발사업 시행자로 지정될 수 없다.

ⓗ 도시개발구역의 전부를 환지 방식으로 시행하는 시행자가 도시개발구역 지정의 고시일로부터 1년 이내에 실시계획 인가를 신청하지 아니한 경우에는 시행자를 변경할 수 있다.

Thema 33 | 도시개발조합

1. 지정권자 인가: ① 토지소유자 7인 이상 ② 사무소·공고방법변경은 신고, ③ 인가신청 전 철회가능

④ 면적 3분의 2 이상＋소유자 2분의 1 이상 동의(국·공유지 포함)

2. 법인: 30일 이내 등기

3. 조합원: 토지소유자에 한함, 평등한 의결권, 징수위탁(100분의 4)

4. 임원: ① 조합장·이사·감사 ② 의결권 가진 조합원

③ 결격사유(미·똘·파·2년·유예): 다음날 자격상실

④ 조합장·이사의 자기를 위한 조합과 계약 조합대표는 감사

5. 대의원회: ① 조합원(토지소유자) 50인 이상 둘 수 있다. ② 조합원 총수 100분의 10 이상 선출

6. 총회권한: 정관변경, 개발계획수립·변경, 조합임원선임, 조합합병·해산, 환지계획서 작성

※ 대의원회 대행 가능: 실시계획수립, 환지예정지지정, 청산금징수·교부완료 후 해산

기출유형

ⓐ 조합설립인가를 받은 후 정관기재사항인 주된 사무소의 소재지를 변경하려는 경우에는 지정권자의 변경신고를 받아야 한다.

ⓑ 조합설립 인가신청을 위한 동의자 수 산정에 있어 도시개발구역의 토지면적은 국·공유지를 포함하고 산정한다.

ⓒ 조합원은 보유토지의 면적에 평등한 의결권을 갖는다.

ⓓ 조합장 또는 이사의 자기를 위한 조합과의 계약이나 소송에 관하여는 감사가 조합을 대표한다.

ⓔ 금고 이상의 형을 선고받고 그 집행이 끝나고 2년이 지나지 아니한 자는 조합임원이 될 수 없다.

Thema 33 도시개발조합

1. 지정권자 인가 : ① 토지소유자 ☐인 이상 ② 사무소·공고방법변경은 ☐, ③ 인가신청 ☐ 철회가능

    ④ 면적 3분의 2 이상＋소유자 2분의 1 이상 동의(국·공유지 ☐)

2. 법인 : 30일 이내 등기

3. 조합원 : 토지소유자에 한함, 평등한 의결권, 징수위탁(100분의 ☐)

4. 임원 : ① 조합장·이사·감사 ② 의결권 가진 조합원

    ③ 결격사유(미·똘·파·2년·유예) : 다음날 자격상실

    ④ 조합장·이사의 자기를 위한 조합과 계약 조합대표는 ☐

5. 대의원회 : ① 조합원(토지소유자) 50인 이상 ☐☐☐☐☐☐☐☐, ② 조합원 총수 100분의 10 이상 선출

6. 총회권한 : 정관변경, 개발계획수립·변경, 조합임원선임, 조합합병·해산, 환지계획서 작성

    ※ 대의원회 대행 가능 : 실시계획수립, 환지예정지지정, 청산금징수·교부완료 후 해산

✔ 기출유형

ⓐ 조합설립인가를 받은 후 정관기재사항인 주된 사무소의 소재지를 변경하려는 경우에는 지정권자의 변경신고를 받아야 한다.

ⓑ 조합설립 인가신청을 위한 동의자 수 산정에 있어 도시개발구역의 토지면적은 국·공유지를 포함하고 산정한다.

ⓒ 조합원은 보유토지의 면적에 평등한 의결권을 갖는다.

ⓓ 조합장 또는 이사의 자기를 위한 조합과의 계약이나 소송에 관하여는 감사가 조합을 대표한다.

ⓔ 금고 이상의 형을 선고받고 그 집행이 끝나고 2년이 지나지 아니한 자는 조합임원이 될 수 없다.

Thema 34 도시개발사업

1. 실시계획: 지구단위계획 필요적 포함, 지정권자 인가, 경미(착오·100분의 10의 범위: 변경인가 ×)
2. 시행방식: 수용·사용(집단화), 환지(지가·효용), 혼용
   ※ 시행방식변경: 공공시행자(수용·사용 ⇨ 전부환지, 수용·사용 ⇨ 혼용, 혼용 ⇨ 전부환지)
   조합제외민간시행자(수용·사용 ⇨ 혼용)
3. 선수금: ① 전부 또는 일부 ② 공공(면적 100분의 10 이상 소유권 확보), 민간(공사진척률 100분의 10 이상)
4. 원형지: ① 공급대상면적 도시개발구역 전체토지면적 3분의 1 이내 한정 ② 이행조건 붙일 수 있다.
   ③ 매각제한(국가 및 지방자치단체 제외): 공사완료공고일 5년, 공급 계약일부터 10년
   ④ 공급계약해제(2회 이상 시정요구): 매각, 미착수, 지연, 위반행위
   ⑤ 경쟁입찰 후 수의계약
5. 조성토지: ① 지정권자 승인 ② 경쟁입찰, 추첨(공, 단, 국민, 면적 초과), 수의계약
   ③ 공급가격특례(감정가격 이하): 공공청사, 사회복지시설(유료시설 제외), 임대주택, 폐기물처리시설, 국민주택규모 이하
   ※ 추첨방법: 공장, 주택법 공공택지, $330m^2$ 이하 단독주택, 국민주택규모 이하, 공급신청량 계획면적 초과
6. 환지부지정(동의 필요), 증환지(면적 늘림, 제외), 감환지(면적줄임, 제외 안됨), 입체환지(신청)
7. 체비지(경비충당)는 보류지에 포함된다.
8. 환지예정지 지정 시 처분못함, 단 체비지는 처분가능
9. ① 소유권취득: 다음날(단 등기는 등기 마친 날) ② 소멸(끝나는 날)
   ③ 행정상·재판상처분(영향 미치지 않음)
   ※ 취득: 체비지(시행자), 보류지(환지계획에서 정한 자)
10. 청산금: 확정(다음날), 분할가능, 위탁징수(비행정청, 100분의 4), 소멸시효 5년

📌 **기출유형**

ⓐ 시행자는 사업시행면적을 100분의 10의 범위에서 감소, 사업비의 100분의 10범위에서의 사업비의 증가는 경미한 변경으로 변경인가를 받지 아니한다.
ⓑ 계획적이고 체계적인 도시개발 등 집단적인 조성과 공급이 필요한 경우에는 사용방식으로 정하여야 한다.
ⓒ 시행자는 지방자치단체에게 도시개발구역 전체 토지면적의 3분의 1 이내에서 원형지를 공급하여 개발하게 할 수 있다.
ⓓ 지방자치단체가 원형지개발자인 경우 원형지 공사완료 공고일부터 5년이 경과하기 전에도 원형지를 매각할 수 있다.
ⓔ 단독주택용지로서 $330m^2$ 이하인 조성토지는 추첨의 방법으로 분양할 수 있다.
ⓕ 폐기물처리시설을 설치하기 위해 공급하는 조성토지의 가격은 「부동산 가격공시 및 감정평가에 관한 법률」에 따른 감정평가업자가 감정평가한 가격 이하로 정할 수 있다.
ⓖ 보류지는 환지계획에서 정한 자가 환지처분이 공고된 날의 다음 날에 해당 소유권을 취득한다.
ⓗ 행정청이 아닌 시행자가 군수에게 청산금의 징수를 위탁한 경우 그 시행자는 군수가 징수한 금액의 100분의 4에 해당하는 금액을 해당 군에 지급하여야 한다.

Thema 34 　도시개발사업

1. 실시계획 : 지구단위계획 필요적 포함, 지정권자 인가, 경미(착오·100분의 10의 범위 : 변경인가 ×)
2. 시행방식 : 수용·사용(□□□□), 환지(지가·효용), 혼용
    ※ 시행방식변경 : 공공시행자(수용·사용 ⇨ 전부환지, 수용·사용 ⇨ 혼용, 혼용 ⇨ 전부환지)
        조합□□□민간시행자(수용·사용 ⇨ 혼용)
3. 선수금 : ① 전부 또는 일부 ② 공공(면적 100분의 10 이상 소유권 확보), 민간(공사진척률 100분의 10 이상)
4. 원형지 : ① 공급대상면적 도시개발구역 전체토지면적 □□□□ 이내 한정 ② 이행조건 붙일 수 있다.
    ③ 매각제한(국가 및 지방자치단체 제외) : 공사완료공고일 □년, 공급 계약일부터 □년
    ④ 공급계약해제(2회 이상 시정요구) : 매각, 미착수, 지연, 위반행위
    ⑤ 경쟁입찰 후 수의계약
5. 조성토지 : ① 지정권자 승인 ② 경쟁입찰, 추첨(공, 단, 국민, 면적 초과), 수의계약
    ③ 공급가격특례(감정가격 이하) : 공공청사, 사회복지시설(유료시설 제외), 임대주택, 폐기물처리시설, 국민주택규모 이하
    ※ 추첨방법 : 공장, 주택법 공공택지, 330m² 이하 단독주택, 국민주택규모 이하, 공급신청량 계획면적 초과
6. 환지부지정(동의 필요), □환지(면적 늘림, 제외), □환지(면적줄임, 제외 안됨), 입체환지(신청)
7. 체비지(경비충당)는 보류지에 포함된다.
8. 환지예정지 지정 시 처분못함, 단 체비지는 처분가능
9. ① 소유권취득 : □□□□(단 등기는 등기 마친 날) ② 소멸(끝나는 날)
    ③ 행정상·재판상처분(영향 미치지 않음)
    ※ 취득 : 체비지(시행자), 보류지(환지계획에서 정한 자)
10. 청산금 : 확정(다음날), 분할가능, 위탁징수(비행정청, 100분의 □), 소멸시효 □년

📢 **기출유형**

ⓐ 시행자는 사업시행면적을 100분의 10의 범위에서 감소, 사업비의 100분의 10범위에서의 사업비의 증가는 경미한 변경으로 변경인가를 받지 아니한다.
ⓑ 계획적이고 체계적인 도시개발 등 집단적인 조성과 공급이 필요한 경우에는 사용방식으로 정하여야 한다.
ⓒ 시행자는 지방자치단체에게 도시개발구역 전체 토지면적의 3분의 1 이내에서 원형지를 공급하여 개발하게 할 수 있다.
ⓓ 지방자치단체가 원형지개발자인 경우 원형지 공사완료 공고일부터 5년이 경과하기 전에도 원형지를 매각할 수 있다.
ⓔ 단독주택용지로서 330m² 이하인 조성토지는 추첨의 방법으로 분양할 수 있다.
ⓕ 폐기물처리시설을 설치하기 위해 공급하는 조성토지의 가격은 「부동산 가격공시 및 감정평가에 관한 법률」에 따른 감정평가업자가 감정평가한 가격 이하로 정할 수 있다.
ⓖ 보류지는 환지계획에서 정한 자가 환지처분이 공고된 날의 다음 날에 해당 소유권을 취득한다.
ⓗ 행정청이 아닌 시행자가 군수에게 청산금의 징수를 위탁한 경우 그 시행자는 군수가 징수한 금액의 100분의 4에 해당하는 금액을 해당 군에 지급하여야 한다.

Thema 35　채권비교

1. 도시개발채권 : 발행권자(시 · 도지사), 승인(행정안전부장관)
2. 도시개발채권 발행방법 : 무기명, 이율(조례), 상환(5~10년) 소멸시효(원금 5년, 이자 2년)
3. 도시개발채권 매입 : 매입의무(도급, 토지형질변경), 중도상환(착오 · 초과), 매입필증보관(5년)
4. 토지상환채권 : 발행권자(모든 시행자), 승인(지정권자), 보증(민간사업자), 일부지급
5. 토지상환채권 발행방법 : 기명증권(명의이전 대항력 : 성명 · 주소), 이율(발행자)
6. 토지상환채권 발행규모 : 면적 2분의 1 초과하지 않음
7. 토지상환채권 발행계획 포함 : 이율, 발행총액, 시행자 명칭, 발행시기, 보증내용, 추산방법, 발행가액

> **기출유형**
>
> ⓐ 도시개발권의 이율은 국채 · 공채 등의 금리와 특별회계의 상황 등을 고려하여 시 · 도의 조례로 정한다.
> ⓑ 토지상환채권의 발행규모는 그 토지상환채권으로 상환할 토지 · 건축물이 해당 도시개발사업으로 조성되는 분양토지 또는 분양건축물 면적의 2분의 1을 초과하지 아니하도록 하여야 한다.

Thema 35 채권비교

1. 도시개발채권 : 발행권자(시·도지사), 승인(⬚)
2. 도시개발채권 발행방법 : 무기명, 이율(조례), 상환(5~10년) 소멸시효(원금 ⬚년, 이자 ⬚년)
3. 도시개발채권 매입 : 매입의무(도급, 토지형질변경), 중도상환(착오·초과), 매입필증보관(⬚년)
4. 토지상환채권 : 발행권자(모든 시행자), 승인(지정권자), ⬚(민간사업자), 일부지급
5. 토지상환채권 발행방법 : ⬚증권(명의이전 대항력 : 성명·주소), 이율(발행자)
6. 토지상환채권 발행규모 : 면적 ⬚ 초과하지 않음
7. 토지상환채권 발행계획 포함 : 이율, 발행총액, 시행자 명칭, 발행시기, 보증내용, 추산방법, 발행가액

기출유형

ⓐ 도시개발채권의 이율은 국채·공채 등의 금리와 특별회계의 상황 등을 고려하여 시·도의 조례로 정한다.

ⓑ 토지상환채권의 발행규모는 그 토지상환채권으로 상환할 토지·건축물이 해당 도시개발사업으로 조성되는 분양토지 또는 분양건축물 면적의 2분의 1을 초과하지 아니하도록 하여야 한다.

도시 및 주거환경정비법

Thema 36 정비법용어 & 지정

1. 주거환경개선(극히열악·과도밀집), 재개발(열악·밀집), 재건축(양호·밀집)

2. 정비기반시설(광장, 주차장, 공원), 공동이용시설(공동작업장, 탁아소·어린이집, 경로당)
   ※ 유치원: 주택법상 복리시설(○), 정비법상 공동이용시설(×)

3. 토지등소유자: 주거환경 개선·재개발 지상권자(○), 재건축 지상권자(×)

4. 기본방침(재정, 수립, 정책), 기본계획내용생략(생활권~),
   주민공람·지방의회의견청취·협의·승인·도지사승인생략(단축, 10% 미만 축소,
   예정구역·건·용 20% 미만 변경)

5. 재건축진단: 재건축에서 실시(10분의 1 이상 동의), 실시요청자 부담

6. 개발행위 허가 시 죽목벌채 및 식재 포함(건,물,토,토,토,죽), 관상용 죽목 임시식재는 허가대상 아님
   ※ 기득권보호: 30일 이내 신고

7. 정비구역 필요적 해제(다음날 ×): 2년(추진), 3년(추진이 없는 경우), 5년(토지등소유자 재개발)
   ※ 해제(할 수 있다): 과도한 부담, 100분의 30 이상 해제요청(조합설립추진위원회 구성되지 아니한
   구역한정), 과반수 동의 해제요청(사업시행인가 신청 아니한 경우 한정)

기출유형

ⓐ 정비기반시설이 열악하고 노후·불량건축물이 밀집한 지역에서 주거환경을 개선하거나 상업지역·공업지역 등에서 도시기능의 회복 및 상권활성화 등을 위하여 도시환경을 개선하기 위한 사업은 재개발사업에 해당한다.

ⓑ 도로·상하수도·도랑·공원·공용주차장·공동구는 정비기반시설에 해당한다.

ⓒ 정비사업의 계획기간을 단축하는 경우 기본계획의 수립권자는 주민공람과 지방의회의 의견청취 절차를 거치지 않아도 된다.

ⓓ 재개발사업을 시행하는 지정개발자가 조합설립인가를 받은 날부터 3년이 되는 날까지 사업시행계획인가를 신청하지 않은 경우 해당 정비구역을 해제하여야 한다.

ⓔ 이동이 용이하지 아니한 물건을 1개월 동안 쌓아놓는 행위는 정비구역 안에서 시장·군수의 허가를 받아야 하는 행위에 해당한다.

ⓕ 조합설립추진위원회가 구성되지 아니한 구역에서 토지등소유자의 100분의 30 이상이 정비구역의 해제를 요청한 경우에는 심의를 거쳐 정비구역을 해제할 수 있다.

ⓖ 정비사업의 시행으로 토지등소유자에게 과도한 부담이 발생할 것으로 예상되는 경우 정비구역의 지정권자는 지방도시계획위원회의 심의를 거치고 정비구역 등을 해제할 수 있다.

도시 및 주거환경정비법

Thema 36 ▷ 정비법용어 & 지정

1. 주거환경개선(☐히열악 · ☐도밀집), 재개발(☐악 · ☐집), 재건축(☐호 · ☐집)

2. 정비기반시설(광장, 주차장, 공원), 공동이용시설(공동작업장, 탁아소 · 어린이집, 경로당)

   ※ 유치원 : 주택법상 복리시설(○), 정비법상 공동이용시설(×)

3. 토지등소유자 : 주거환경 개선 · 재개발 지상권자(○), ☐☐☐☐ 지상권자(×)

4. 기본방침(재정, 수립, 정책), 기본계획내용생략(생활권~),

   주민공람 · 지방의회의견청취 · 협의 · 승인 · 도지사승인생략(단축, 10% 미만 축소,

   예정구역 · 건 · 용 20% 미만 변경)

5. 재건축진단 : 재건축에서 실시(10분의 1 이상 동의), 실시요청자 부담

6. 개발행위 허가 시 ☐☐벌채 및 식재 포함(건,물,토,토,토,죽), 관상용 죽목 임시식재는 허가대상 아님

   ※ 기득권보호 : 30일 이내 ☐☐

7. 정비구역 필요적 해제(다음날 ×) : ☐년(추진), ☐년(추진이 없는 경우), ☐년(토지등소유자 재개발)

   ※ 해제(할 수 있다) : 과도한 부담, 100분의 30 이상 해제요청(조합설립추진위원회 구성되지 아니한

   구역한정), 과반수 동의 해제요청(사업시행인가 신청 아니한 경우 한정)

🏁 기출유형

ⓐ 정비기반시설이 열악하고 노후 · 불량건축물이 밀집한 지역에서 주거환경을 개선하거나 상업지역 · 공업지역 등에서 도시기능의 회복 및 상권활성화 등을 위하여 도시환경을 개선하기 위한 사업은 재개발사업에 해당한다.

ⓑ 도로 · 상하수도 · 도랑 · 공원 · 공용주차장 · 공동구는 정비기반시설에 해당한다.

ⓒ 정비사업의 계획기간을 단축하는 경우 기본계획의 수립권자는 주민공람과 지방의회의 의견청취 절차를 거치지 않아도 된다.

ⓓ 재개발사업을 시행하는 지정개발자가 조합설립인가를 받은 날부터 3년이 되는 날까지 사업시행계획인가를 신청하지 않은 경우 해당 정비구역을 해제하여야 한다.

ⓔ 이동이 용이하지 아니한 물건을 1개월 동안 쌓아놓는 행위는 정비구역 안에서 시장 · 군수의 허가를 받아야 하는 행위에 해당한다.

ⓕ 조합설립추진위원회가 구성되지 아니한 구역에서 토지등소유자의 100분의 30 이상이 정비구역의 해제를 요청한 경우에는 심의를 거쳐 정비구역을 해제할 수 있다.

ⓖ 정비사업의 시행으로 토지등소유자에게 과도한 부담이 발생할 것으로 예상되는 경우 정비구역의 지정권자는 지방도시계획위원회의 심의를 거치고 정비구역 등을 해제할 수 있다.

Thema 37 　정비사업의 시행

1. 시행방법: 주거환경개선(직접 · 수용 · 관리처분 · 환지 · 혼용가능), 재개발(관리처분 · 환지), 재건축(관리처분)

2. 조합은 재개발과 재건축에서만 나온다.

   ※ 재개발: 20인 미만(토지등소유자 시행, 한국부동산원과 공동시행)

3. 재개발 · 재건축: 시장 · 군수 직접시행[천재지변, 2년 이내 사업시행계획인가 신청안함 · 위법(재건축 제외), 3년 이내 조합설립인가 신청안함, 토지면적 2분의 1 이상]

4. 조합설립은 토지등소유자 과반수 동의(5명 이상 추진위원회), 추진위원회(추진원원장 1명, 감사)

   ※ 추진위원회 업무(정관초안 작성, 준비업무, 창립총회 개최 등)

5. 인가: 재개발(면적 2분의 1 이상+소유자 4분의 3 이상),

   재건축: 주택단지 안(면적 100분의 70 이상+소유자 100분의 70 이상),

   주택단지 외(면적 3분의 2 이상+소유자 4분의 3 이상)

   ※ 재개발 · 주택단지 안(+총회 조합원 3분의 2 이상 찬성), 주택단지 안(+동별구분소유자 과반수 동의)

6. 법인: 30일 이내 등기, 정비사업조합 문자사용

7. 조합원: ① 토지등소유자(재건축만 동의자)

   ② 조합원 양도가능(재건축: 조합설립인가 후, 재개발: 관리처분계획인가 후)

8. 정관변경인가: 과반수 동의(원칙), 조합원 3분의 2 이상 찬성(제명 · 자격 · 위치 · 계약 · 시기 · 비용)

9. 임원: ① 조합장 1명, 이사, 감사(5년 이상 소유, 3년 동안 1년 이상 거주)

   ② 이사(3명 이상), 감사(1~3명 이하): 100명 초과(이사 5인 이상) ③ 임기(3년 이하)

   ④ 결격사유(미 · 똘 · 파, 2년, 유예, 이 법 위반 벌금 100만원 이상 · 10년, 지자체 · 의회 직계가족)

   ⑤ 해임: 조합원 10분의 1 이상 요구 과반수 출석+출석 과반수 동의

10. 전문관리인 선정: 6개월 이상 임원선임 안할 때, 총회에서 조합원 과반수 출석+출석 과반수 동의요청

11. 총회: ① 100분의 10 이상 출석

    ② 100분의 20 이상 출석(창립총회, 시공자 선정 취소총회, 사업시행계획서 작성 · 변경, 관리처분 계획 수립 · 변경)

12. 대의원회: ① 100명 이상(두어야 한다.)

    ② 조합장이 아닌 조합임원은 대의원이 될 수 없다.

    ③ 대의원회 총회대행(보궐선임－조합장 제외)

13. 주민대표회의: ① 5~25명 이하 ② 과반수 동의 ③ 세입자도 의견제시 가능

🖊 기출유형

ⓐ 조합정관의 초안작성은 조합설립추진위원회가 수행할 수 있는 업무에 해당한다.

ⓑ 재개발사업의 추진위원회가 조합을 설립하려면 토지등소유자의 4분의 3 이상 및 토지면적의 2분의 1 이상의 토지소유자의 동의를 받아야 한다.

ⓒ 토지등소유자의 수가 100인을 초과하는 경우 조합에 두는 이사의 수는 5명 이상으로 한다.

ⓓ 금고 이상의 형의 집행유예를 받고 그 유예기간 중에 있는 경우에는 조합임원이 될 수 없다.

ⓔ 조합장이 아닌 조합임원은 조합의 대의원이 될 수 없다.

ⓕ 상가세입자는 사업시행자가 건축물의 철거의 사항에 관하여 시행규정을 정하는 때에 의견을 제시할 수 있다.

Thema 37 정비사업의 시행

1. 시행방법 : [_____](직접·수용·관리처분·환지·혼용가능), [_____](관리처분·환지),
   [_____](관리처분)

2. 조합은 재개발과 재건축에서만 나온다.
   ※ 재개발 : 20인 미만(토지등소유자 시행, 한국부동산원과 공동시행)

3. 재개발·재건축 : 시장·군수 직접시행[천재지변, 2년 이내 사업시행계획인가 신청안함·
   위법(재건축 제외), 3년 이내 조합설립인가 신청안함, 토지면적 2분의 1 이상]

4. 조합설립은 토지등소유자 과반수 동의([_]명 이상 추진위원회), 추진위원회(추진원원장 1명, [____])
   ※ 추진위원회 업무(정관[____] 작성, 준비업무, 창립총회 개최 등)

5. 인가 : 재개발(면적 2분의 1 이상+소유자 4분의 3 이상),
   재건축 : 주택단지 안(면적 100분의 70 이상+소유자 100분의 70 이상),
   주택단지 외(면적 3분의 2 이상+소유자 4분의 3 이상)
   ※ 재개발·주택단지 안(+총회 조합원 3분의 2 이상 찬성), 주택단지 안(+동별구분소유자 과반수 동의)

6. 법인 : 30일 이내 등기, 정비사업조합 문자사용

7. 조합원 : ① 토지등소유자(재건축만 동의자)
   ② 조합원 양도가능(재건축 : 조합설립인가 후, 재개발 : 관리처분계획인가 후)

8. 정관변경인가 : 과반수 동의(원칙), 조합원 3분의 2 이상 찬성(제명·자격·위치·계약·시기·비용)

9. 임원 : ① 조합장 1명, 이사, 감사(5년 이상 소유, 3년 동안 1년 이상 거주)
   ② 이사(3명 이상), 감사(1~3명 이하) : 100명 초과(이사 [_]인 이상) ③ 임기([_]년 이하)
   ④ 결격사유(미·뜰·파, 2년, 유예, 이 법 위반 벌금 [___]만원 이상·10년, 지자체·의회 직계가족)
   ⑤ 해임 : 조합원 10분의 1 이상 요구 과반수 출석+출석 과반수 동의

10. 전문관리인 선정 : 6개월 이상 임원선임 안할 때, 총회에서 조합원 과반수 출석+출석 과반수 동의요청

11. 총회 : ① 100분의 10 이상 출석
   ② 100분의 20 이상 출석(창립총회, 시공자 선정 취소총회, 사업시행계획서 작성·변경, 관리처분
   계획 수립·변경)

12. 대의원회 : ① 100명 이상([_____])
   ② 조합장이 아닌 조합임원은 대의원이 될 수 없다.
   ③ 대의원회 총회대행(보궐선임-[_____])

13. 주민대표회의 : ① 5~25명 이하 ② 과반수 동의 ③ 세입자도 의견제시 가능

📌 **기출유형**

ⓐ 조합정관의 초안작성은 조합설립추진위원회가 수행할 수 있는 업무에 해당한다.
ⓑ 재개발사업의 추진위원회가 조합을 설립하려면 토지등소유자의 4분의 3 이상 및 토지면적의 2분의 1 이상의
   토지소유자의 동의를 받아야 한다.
ⓒ 토지등소유자의 수가 100인을 초과하는 경우 조합에 두는 이사의 수는 5명 이상으로 한다.
ⓓ 금고 이상의 형의 집행유예를 받고 그 유예기간 중에 있는 경우에는 조합임원이 될 수 없다.
ⓔ 조합장이 아닌 조합임원은 조합의 대의원이 될 수 없다.
ⓕ 상가세입자는 사업시행자가 건축물의 철거의 사항에 관하여 시행규정을 정하는 때에 의견을 제시할 수 있다.

Thema 38 관리처분계획 등

1. 경미한 경우: 시·군수 등 신고(10% 범위), 건축물 아닌 부대·복리시설 확대(위치변경 제외), 계산착오·오기·누락(불이익자 없는 경우)
2. 시장·군수 등 설치 인가 시 교육감 등 협의: 200미터 이내
3. 순환(주거환경개선·재개발·재건축사업), 임시거주설치(주거환경개선·재개발사업), 임시상가(재개발사업)
4. 재개발사업 인가시 정비사업비 100분의 20범위 예치
5. 주거환경개선사업인 경우는 국민주택채권매입규정 적용면제
6. 분양신청기간(통지한 날 30일 이상 60일 이내·20일 범위 연장), 손실보상협의(다음날 90일)
7. 주택공급기준 : 1주택(원칙), 2주택($60m^2$ 이하), 3주택(과밀억제권역)
8. 지분형주택 : ① $60m^2$ 이하
   ② 토지임대부 분양주택 전환 공급($90m^2$ 미만 토지소유자·$40m^2$ 미만 건축물소유자)
9. 등기촉탁 : 지체없이 ※도시개발법 : 14일
10. 정비구역 해제(조합존속 영향없음)·소유권 취득 : ~다음날
11. 청산금 : 분할징수·교부·강제징수·위탁(100분의 4), 물상대위, 소멸시효(다음날부터 5년)

기출유형

ⓐ 대지면적을 10퍼센트의 범위에서 변경하는 때에는 사업시행계획의 변경 시 신고대상인 경미한 사항의 변경에 해당한다.

ⓑ 시장·군수는 사업시행인가를 하고자 하는 경우 정비구역으로부터 200미터 이내에 교육시설이 설치되어 있는 때에는 해당 지방자치단체의 교육감 또는 교육장과 협의하여야 한다.

ⓒ 재개발사업의 사업시행자는 사업시행으로 이주하는 상가세입자가 사용할 수 있도록 정비구역 또는 정비구역 인근에 임시상가를 설치할 수 있다.

ⓓ 시장·군수는 재개발사업의 시행자가 지정개발자인 경우 시행자로 하여금 정비사업비의 100분의 20의 금액을 예치하게 할 수 있다.

ⓔ 주거환경개선사업에 따른 건축허가를 받은 때와 부동산등기(소유권 보존등기 또는 이전등기로 한정)를 하는 때에는 「주택도시기금법」 국민주택채권의 매입에 관한 규정을 적용하지 않는다.

ⓕ 사업시행자는 관리처분계획이 인가·고시된 다음 날부터 90일 이내에 분양신청을 하지 않은 자와 손실보상에 관한 협의를 하여야 한다.

ⓖ 분양신청기간은 통지한 날부터 30일 이상 60일 이내로 하여야 한다. 다만, 사업시행자는 관리처분계획의 수립에 지장이 없다고 판단하는 경우에는 분양신청기간을 20일의 범위에서 한 차례만 연장할 수 있다.

ⓗ 불이익을 받는 자가 있으나 계산착오·오기·누락 등에 따른 조서의 단순정정인 경우에는 시장·군수 등에게 변경인가를 하여야 한다.

ⓘ 분양대상자별 종전의 토지 또는 건축물의 사업시행계획인가 고시가 있는 날을 기준으로 한 가격의 범위 또는 종전 주택의 주거전용면적의 범위에서 2주택을 공급할 수 있고, 이 중 1주택은 주거 전용면적을 $60m^2$ 이하로 한다.

ⓙ 시장·군수는 정비구역에서 면적이 90제곱미터 미만의 토지를 소유한 자로서 건축물을 소유하지 아니 한 자의 요청이 있는 경우에는 인수한 임대주택의 일부를 「주택법」에 따른 토지임대부 분양주택으로 전환하여 공급하여야 한다.

ⓚ 준공인가에 따른 정비구역의 해제가 있으면 조합은 해산된 것으로 보지 않는다.

ⓛ 청산금을 지급(분할지급을 포함)받을 권리 또는 이를 징수할 권리는 이전·고시일의 다음 날부터 5년간 행사하지 아니하면 소멸한다.

Thema 38 관리처분계획 등

1. 경미한 경우 : 시·군수 등 신고(10% 범위), 건축물 아닌 부대·복리시설 확대(위치변경 제외), 계산 착오·오기·누락(불이익자 없는 경우)
2. 시장·군수 등 설치 인가 시 교육감 등 협의 : 200미터 이내
3. 순환(주거환경개선·재개발·재건축사업), 임시거주설치(_____·_____사업),
   임시상가(____사업)
4. 재개발사업 인가시 정비사업비 100분의 ☐범위 예치
5. 주거환경개선사업인 경우는 국민주택채권매입규정 적용____
6. 분양신청기간(통지한 날 30일 이상 60일 이내·20일 범위 연장), 손실보상협의(다음날 ☐일)
7. 주택공급기준 : 1주택(원칙), 2주택(☐m² 이하), 3주택(과밀억제권역)
8. 지분형주택 : ① 60m² 이하
   ② 토지임대부 분양주택 전환 공급(90m² 미만 토지소유자·40m² 미만 건축물소유자)
9. 등기촉탁 : 지체없이 ※도시개발법 : 14일
10. 정비구역 해제(조합존속 영향없음)·소유권 취득 : ~_____
11. 청산금 : 분할징수·교부·강제징수·위탁(100분의 4), 물상대위, 소멸시효(_____부터 5년)

📋 기출유형

ⓐ 대지면적을 10퍼센트의 범위에서 변경하는 때에는 사업시행계획의 변경 시 신고대상인 경미한 사항의 변경에 해당한다.
ⓑ 시장·군수는 사업시행인가를 하고자 하는 경우 정비구역으로부터 200미터 이내에 교육시설이 설치되어 있는 때에는 해당 지방자치단체의 교육감 또는 교육장과 협의하여야 한다.
ⓒ 재개발사업의 사업시행자는 사업시행으로 이주하는 상가세입자가 사용할 수 있도록 정비구역 또는 정비구역 인근에 임시상가를 설치할 수 있다.
ⓓ 시장·군수는 재개발사업의 시행자가 지정개발자인 경우 시행자로 하여금 정비사업비의 100분의 20의 금액을 예치하게 할 수 있다.
ⓔ 주거환경개선사업에 따른 건축허가를 받은 때와 부동산등기(소유권 보존등기 또는 이전등기로 한정)를 하는 때에는 「주택도시기금법」 국민주택채권의 매입에 관한 규정을 적용하지 않는다.
ⓕ 사업시행자는 관리처분계획이 인가·고시된 다음 날부터 90일 이내에 분양신청을 하지 않은 자와 손실보상에 관한 협의를 하여야 한다.
ⓖ 분양신청기간은 통지한 날부터 30일 이상 60일 이내로 하여야 한다. 다만, 사업시행자는 관리처분계획의 수립에 지장이 없다고 판단하는 경우에는 분양신청기간을 20일의 범위에서 한 차례만 연장할 수 있다.
ⓗ 불이익을 받는 자가 있으나 계산착오·오기·누락 등에 따른 조서의 단순정정인 경우에는 시장·군수 등에게 변경인가를 하여야 한다.
ⓘ 분양대상자별 종전의 토지 또는 건축물의 사업시행계획인가 고시가 있은 날을 기준으로 한 가격의 범위 또는 종전 주택의 주거전용면적의 범위에서 2주택을 공급할 수 있고, 이 중 1주택은 주거 전용면적을 60m² 이하로 한다.
ⓙ 시장·군수는 정비구역에서 면적이 90제곱미터 미만의 토지를 소유한 자로서 건축물을 소유하지 아니 한 자의 요청이 있는 경우에는 인수한 임대주택의 일부를 「주택법」에 따른 토지임대부 분양주택으로 전환하여 공급하여야 한다.
ⓚ 준공인가에 따른 정비구역의 해제가 있으면 조합은 해산된 것으로 보지 않는다.
ⓛ 청산금을 지급(분할지급을 포함)받을 권리 또는 이를 징수할 권리는 이전·고시일의 다음 날부터 5년간 행사하지 아니하면 소멸한다.

제36회 공인중개사 시험대비 **전면개정**

2025 박문각 공인중개사 이경철 쏠지마공법 합격익힘장

초판인쇄 | 2025. 4. 15.   **초판발행** | 2025. 4. 20.   **편저** | 이경철 편저

발행인 | 박 용   **발행처** | (주)박문각출판   **등록** | 2015년 4월 29일 제2019-000137호

주소 | 06654 서울시 서초구 효령로 283 서경 B/D 4층   **팩스** | (02)584-2927

전화 | 교재 주문 (02)6466-7202, 동영상문의 (02)6466-7201

저자와의
협의하에
인지생략

정가 10,000원
ISBN 979-11-7262-785-0